NOUVELLE ÉDITION

ATLAS

DE

GÉOGRAPHIE MODERNE

A L'USAGE DES ÉCOLES PRIMAIRES

D'APRÈS LES MÉTHODES NOUVELLES DES PLUS RÉCENTS PROGRAMMES OFFICIELS

20 CARTES COLORIÉES, ACCOMPAGNÉES DE NOTICES ET DE QUESTIONNAIRES

PRÉCÉDÉES D'UNE CARTE DÉTAILLÉE

DU DÉPARTEMENT

Par CH. PÉRIGOT

PROFESSEUR D'HISTOIRE ET DE GÉOGRAPHIE AU LYCÉE IMPÉRIAL SAINT-LOUIS, A PARIS, ET A L'ÉCOLE COMMERCIALE
MEMBRE DE LA SOCIÉTÉ DE GÉOGRAPHIE DE PARIS

Et revues par un ancien inspecteur primaire et directeur d'École normale.

Liste des Cartes :

1. Carte du Département (Voir cette carte à la fin de l'Atlas).
2. France (Carte physique et carte générale des Chemins de fer).
3. France en 89 départements.
4. France agricole et commerciale.
5. Iles Britanniques.
6. Hollande et Belgique.
7. Allemagne.
8. Suisse.
9. Italie.
10. Europe (Carte physique et politique).
11. Asie.
12. Afrique.
13. Algérie.
14. Colonies françaises.
15. Amérique du Nord.
16. Amérique du Sud.
17. Carte générale de l'Océanie.
18. Terres antarctiques.
19. Mappemonde et notions sur la sphère.
20. Palestine.
21. Anciennes provinces et lieux célèbres de la France.

NOTA. — Cet Atlas est composé d'après la méthode excellente recommandée dans les nouveaux programmes pour l'enseignement de la Géographie, c'est-à-dire que l'élève étudie d'abord le département qu'il habite, puis la France, les contrées de l'Europe les plus voisines de notre pays, ensuite le reste de l'Europe, et enfin les quatre autres parties du monde. Il peut alors, connaissant chaque pays en particulier, se faire une idée claire, à l'aide de la mappemonde, de l'ensemble de notre globe. C'est la méthode naturelle et féconde qui, au lieu de jeter tout de suite les enfants dans des généralités abstraites qu'ils ne peuvent comprendre, procède du simple au composé, du particulier au général.
L'Atlas se termine par une carte de la Palestine, destinée à faciliter ou à rappeler l'étude de l'Histoire Sainte.

SEINE

A PARIS

CHARLES DELAGRAVE ET Cie, LIBRAIRES-ÉDITEURS

58, RUE DES ÉCOLES, 58

N° 90 bis. — NOTICE SUR LA FRANCE PHYSIQUE. LES CANAUX ET LES CHEMINS DE FER. — N° 90 bis.

BORNES. Au N.-O., la mer de la *Manche*; au N., le détroit du *Pas-de-Calais* et la mer du *Nord*; au N.-E., la *Belgique* et la *Prusse*; à l'E., le fleuve du *Rhin*, les montagnes du Jura, le fleuve du Rhône, le lac de Genève, les montagnes des *Alpes* et la rivière du *Roya*; au S., la mer Méditerranée, les *Pyrénées*, l'Espagne et la rivière la Bidassoa; et à l'O., l'Océan Atlantique.

MONTAGNES. Les pentes ou versants des montagnes facilitent l'écoulement des eaux, et forment ces parties basses qu'on appelle les *bassins* des fleuves et des rivières. Les principales sont : les *Pyrénées* au S.; les Alpes et le Jura à l'E. Les chaînes secondaires, qui sont des ramifications des grandes, sont, à partir des Pyrénées : les *Corbières*, les *Cévennes*, la *Côte-d'Or*; vers le N. et le N.-O. : les *Faucilles*, les *Vosges*, les *Argonnes*, les Ardennes et les collines d'Artois; à l'O. de la Côte-d'Or : les monts du *Morvan*, et, au N.-O. : les collines de *Normandie* et les monts de *Bretagne*; à l'O. des Cévennes et vers le N.-O., les monts d'Auvergne, les monts du Limousin et les collines du *Poitou*.

Ces montagnes inférieures sont autant de lignes de partage ou de séparation de nos cours d'eau.

FLEUVES ET RIVIÈRES. On compte en France cinq *bassins* principaux pour nos cinq grands fleuves, qui sont : le *Rhin*, la *Seine*, la *Loire*, la *Garonne* et le *Rhône*.

1° BASSIN DU RHIN. de la MEUSE et de l'ESCAUT. Le Rhin prend sa source dans les Alpes centrales, coule vers le N., et se jette dans la mer du Nord. Ses affluents, en France, sont : l'*Ill*, la *Lauter*, qui est à la frontière; la *Moselle*, qui reçoit la *Meurthe*. La MEUSE, qui prend sa source près des monts Faucilles, coule vers le N.-O., puis mêle ses eaux avec celles du Rhin avant de se jeter dans la mer du Nord. L'ESCAUT prend sa source dans les collines d'Artois, et se jette dans la mer du Nord.

2° BASSIN DE LA SEINE. La Seine prend sa source dans la Côte-d'Or, coule vers le N.-O., en passant par Paris, et se jette dans la Manche. Ce fleuve reçoit : l'*Aube*, l'*Yonne*, la *Marne*, l'*Oise* grossie de l'*Aisne*, et l'*Eure*. — A ce bassin se rattachent la *Somme* et l'*Orne*, qui se jettent dans la Manche.

3° BASSIN DE LA LOIRE. La Loire, le plus grand fleuve de la France, prend sa source dans les Cévennes, coule d'abord du S. au N., puis à l'O., arrose Nevers, Orléans, Blois, Tours, Nantes, Saint-Nazaire, et se jette dans l'Océan Atlantique. Elle a pour affluents : l'*Allier*, le *Loiret*, le *Cher*, l'*Indre*, la *Vienne* grossie de la *Creuse*, la *Sèvre-Nantaise*, la *Nièvre* et la *Maine* formée à Angers de la *Sarthe* grossie du *Loir* et de la *Mayenne*.

A ce bassin se rattachent deux petits cours d'eau : celui de la *France*, qui se jette dans la Manche, et celui de la *Vilaine* grossie de l'*Ille*, qui se jette dans l'Océan Atlantique.

4° BASSIN DE LA GARONNE. La Garonne prend sa source au Val d'Aran (Pyrénées), en Espagne. Elle coule d'abord du S. au N.-E., jusqu'à Toulouse, puis elle se dirige vers le N.-O., arrose Agen, Bordeaux, et prend le nom de *Gironde* jusqu'à son entrée dans l'Océan Atlantique. Ce fleuve a pour affluents l'*Ariège*, le *Tarn* grossi de l'*Aveyron*, le *Lot*, le *Gers*, la *Dordogne*, qui reçoit la *Vézère* grossie de la *Corrèze*.

A ce bassin se rattachent les petits fleuves et les rivières : la *Charente*, la *Sèvre-Niortaise* grossie de la *Vendée*, l'*Adour* et la *Bidassoa*, qui sépare la France de l'Espagne.

5° BASSIN DU RHÔNE. Le Rhône prend sa source dans les Alpes, en Suisse; traverse le lac de Genève, arrose Genève, pénètre en France, où il arrose Lyon, Valence, etc., et se jette dans la Méditerranée. Ce fleuve reçoit l'*Ain*, la *Saône* grossie du *Doubs*, l'*Ardèche*, le *Gard*, l'*Isère*, la *Drôme*, la *Sorgues* qui sort de la fontaine de l'*Vaucluse*, la *Durance*.

A ce bassin se rattachent l'*Aude*, l'*Hérault*, le *Var* et la *Roya*, frontière du S.

LACS. On distingue trois lacs en France : le lac d'*Annecy*, près de la ville de ce nom; le lac du *Bourget*, dans les environs de Chambéry; et le *lac de Grand-lieu*, près de l'embouchure de la Loire.

CHEMINS DE FER. Les chemins de fer français, par leurs entrelacements, forment un vaste réseau dont le centre est à Paris. Ils ont dans leur ensemble, aujourd'hui, une longueur totale de 16,240 kilomètres. Ils sont exploités par six grandes Compagnies, auxquelles l'État en a fait la concession, et dites de l'*Ouest*, d'*Orléans*, du *Midi*, du *Nord*, de l'*Est* et de *Lyon*.

Ils se divisent en *Lignes principales* et en *Lignes secondaires*, reliées entre elles pour la facilité des relations.

1° *Compagnie de l'OUEST*. — Lignes principales : de *Paris au Havre* et à *Dieppe*; de *Paris à Cherbourg*; de *Paris à Granville*; de *Paris à Brest*. — Ligne secondaire : Embranchement de *Mézidon* (près de Caen), par Alençon et Le Mans, à Tours.

2° *Compagnie d'ORLÉANS*. — Lignes principales : de *Paris à Orléans*, Saint-Nazaire, *Nantes et Brest*; de *Tours à Bordeaux*; d'*Orléans à Agen*. — Lignes secondaires : de *Poitiers à la Rochelle et Rochefort*; de *Poitiers*, par Guéret, à *Moulins*; de *Vierzon*, par Bourges, à *Nevers*; de *Cahors*, par Périgueux, Capdenac et Aurillac, à *Arvant*; de *Capdenac à Toulouse*.

3° *Compagnie du MIDI*. — Lignes principales : de *Bordeaux à Irun*; de *Bordeaux à Cette*. — Lignes secondaires : de *Toulouse*, par *Tarbes et Pau*, à *Bayonne*; de *Morcenx*, par Mont-de-Marsan, à *Tarbes*; de *Toulouse à Foix*; de *Narbonne à Port-Vendres*.

4° *Compagnie du NORD*. Lignes principales : de *Paris*, par Amiens, à *Boulogne et Calais*; de *Paris*, par Amiens, Arras, Douai et Lille, à *Dunkerque*; de *Paris*, par Creil et Saint-Quentin, à *Maubeuge*. — Lignes secondaires : de *Rouen à Amiens*; d'*Amiens à Tergnier*; de *Tergnier à Laon et Reims*; de Paris, par Soissons, à Reims.

5° *Compagnie de l'EST*. — Lignes principales : de *Paris à Strasbourg*; de *Paris à Mulhouse*. — Lignes secondaires : de *Châlons*, par Reims et Mézières, à *Givet*; de *Mézières à Metz*; de *Metz*, à *Forbach*; de *Luxembourg*, par Strasbourg et Colmar, à *Mulhouse*; de *Nancy à Vesoul*; de *Vitry à Chaumont*.

6° *Compagnie de LYON*. — Lignes principales : de *Paris à Dijon*, à *Lyon*, à Marseille, à *Toulon*, à *Nice*; de *Paris à Nevers*, Moulins, Saint-Étienne et Lyon. — Lignes secondaires : de *Dijon à Vesoul*; de *Dijon*, par Besançon, à *Belfort*; de *Besançon*, par Bourg, à *Lyon*; de *Salins à Pontarlier*; de *Mâcon à Lyon*, Genève et *Saint-Michel*; de *Lyon à Valence*, Grenoble et Chambéry; de *Vichy à Clermont* et *Arvant*; de *Tarascon à Nîmes*, Montpellier et Cette.

CANAUX. — Les principaux sont : le canal de *Saint Quentin*, qui réunit l'Oise à la *Somme* et à l'Escaut; *de la Sambre*, entre cette rivière et l'Oise; des Ardennes, entre l'Aisne et la Meuse; *de la Marne au Rhin*; — *de Bourgogne*, unissant l'Yonne et la Saône; du *Nivernais*, entre l'Yonne et la Loire; — du *Loing*, reunissant la Seine à la Loire; *du Centre*, qui va de la Loire à la Saône; du *Berry*, qui emprunte en grande partie le cours de l'Yèvre; *le canal du Midi*, qui réunit la Garonne au Golfe de Lion; et les canaux *de Bretagne*, qui, de Nantes, sur la Loire, s'étendent jusqu'à la mer à Saint-Malo et à Brest.

NOTICE SUR LA CARTE 3. — FRANCE EN 89 DÉPARTEMENTS.

DIVISIONS ADMINISTRATIVES, ECCLÉSIASTIQUES, JUDICIAIRES, UNIVERSITAIRES ET MILITAIRES.

La France se divise en 89 départements, ceux-ci en 373 arrondissements, ceux-ci en 2.861 cantons, ceux-ci en 37.548 communes. La population de la France est de 38.067.094 habitants. Nous donnons ci-après la liste des départements, avec leur population, celle de leurs chefs-lieux et de leurs sous-préfectures.
Explication des signes : ✠ Évêché. — † Archevêché. — ÷ Cour d'Académie. — C. I. Cour Impériale. — D. M. Division militaire.

1. Nord........... 1,322,944 h. Lille, D. M. 154,749 h.; Dunkerque; Hazebrouk; Douai, C. I. A.; Valenciennes; Cambrai; † Avesnes.
2. Pas-de-Calais.... 749,777 h. Arras, ✠ 25,719 h.; Boulogne; Saint-Omer; Béthune; St-Pol; Montreuil.
3. Somme.......... 572,406 h. Amiens, † C. I. 61,063 h.; Abbeville; Doullens; Péronne; Montdidier.
4. Seine-Infér..... 791,754 h. Rouen, † C. I. D. M. 101,614 h.; Yvetot; Le Havre; Dieppe; Neufchâtel.
5. Eure............ 393,467 h. Évreux, ✠ 12,350 h.; Bernay; Pont-Audemer; Les Andelys.
6. Calvados....... 474,949 h. Caen, C. I. A. 361 h. Vire; Bayeux ÷; Falaise; Pont-l'Évêque; Lisieux.
7. Orne........... 414,618 h. Alençon, 16,415 h.; Domfront; Argentan; Mortagne.
8. Manche......... 573,899 h. Saint-Lô, 9,693h.; Cherbourg; Valognes; Coutances ✠; Avranches; Mortain.
9. Ille-et-Vilaine.. 590,609 h. Rennes, ✠ C. I. A. D. M. 49,231 h.; St-Malo; Fougères; Vitré; Redon; Montfort.
10. Côtes-du-Nord. 641,210 h. Saint-Brieuc, ✠ 15,842 h.; Lannion; Guingamp; Loudéac; Dinan.
11. Finistère...... 668,483 h. Quimper, ✠ 12,332 h.; Brest; Morlaix; Châteaulin; Quimperlé.
12. Morbihan..... 501,054 h. Vannes, ✠ 14,.60 h.; Lorient; Napoléonville; Ploërmel.
13. Loire-Infér.... 555,588 h. Nantes, ✠ C. I. M. 111,956 h.; Ancenis ✠; Châteaubriand; Savenay; Paimbœuf.
14. Maine-et-Loire. 559,335 h. Angers, ✠ C. I. 51,796 h.; Segré; Baugé; Saumur; Cholet.
15. Mayenne...... 361,855 h. Laval, ✠ 27,189 h.; Mayenne; Château-Gontier.
16. Sarthe........ 463,619 h. Le Mans, ✠ 45,430 h.; Mamers; Saint-Calais; La Flèche.
17. Seine-et-Oise.. 533,737 h. Versailles, ✠ 41,081 h.; Mantes; Pontoise; Corbeil; Étampes; Rambouillet.
18. Seine........ 2,150,916 h. Paris, ✠ C. I. A. D. M. 1,825,274 h.; Saint-Denis; Sceaux.
19. Seine-et-Marne. 354,400 h. Melun, 11,608 h.; Meaux, ÷; Coulommiers; Provins; Fontainebleau.
20. Oise......... 401,429 h. Beauvais, ✠ 13,307 h.; Compiègne ÷; Clermont; Senlis.
21. Aisne........ 566,023 h. Laon, 10,958 h.; Saint-Quentin; Vervins; Soissons ✠; Château-Thierry.
22. Ardennes.... 326,864 h. Mézières, 5,818 h.; Rocroi; Sedan; Rouziers; Rethel.
23. Marne....... 390,809 h. Châlons-sur-Marne, ✠ D. M. 17,692 h.; Reims †; Épernay; Vitry-le-François. Ste-Menehould.
24. Aube......... 261,951 h. Troyes, ✠ 35,678 h. Nogent-sur-Seine; Arcis-sur-Aube; Bar-sur-Aube; Bar-sur-Seine.
25. Haute-Marne.. 259,096 h. Chaumont, 8,285 h.; Langres †; Vassy.
26. Meuse........ 301,653 h. Bar-le-Duc, 15,331 h.; Verdun ÷; Commercy; Montmédy.
27. Moselle...... 451,457 h. Metz, ✠ C. I. D. M. 54,817 h.; Briey; Thionville; Sarreguemines.
28. Meurthe...... 428,373 h. Nancy, † C. I. A. 49,993h.; Toul; Lunéville; Sarrebourg; Château-Salins.
29. Vosges....... 413,707 h. Épinal, 12,584 h.; Neufchâteau; Mirecourt; Saint-Dié; Rémiremont.
30. Bas-Rhin..... 588,970 h. Strasbourg, † A.D.M. 84,167 h.; Wissembourg; Saverne; Schelestadt.
31. Haut-Rhin... 530,285 b. Colmar, C.I. 23,669 h.; Mulhouse; Belfort.
32. Haute-Saône.. 317,706 h. Vesoul, 7,614 h.; Lure; Gray.
33. Doubs........ 296,055 h. Besançon, † C. I. A. D. U. 46,961 h.; Montbéliard; Baume-les-Dames; Pontarlier.
34. Jura......... 293,477 h. Lons-le-Saulnier, 9,943 h.; Poligny; St-Claude ✠; Dole.
35. Ain.......... 371,843 h. Bourg, 13,783 h.; Gex; Nantua; Belley ✠; Trévoux.
36. Saône-et-Loire. 600,306 h. Mâcon, ✠ 18,583 h.; Autun ÷; Châlon-sur-Saône; Louhans; Charolles.
37. Côte-d'Or..... 382,763 h. Dijon, ✠ C. I. A. 39,193 h.; Châtillon-sur-Seine ✠; Semur; Beaune.
38. Yonne....... 372,589 h. Auxerre, 15,497 h.; Sens †; Joigny; Tonnerre; Avallon.
39. Loire........ 537,108 h. Saint-Étienne, 96,620h.; Roanne ÷; Montbrison.
40. Rhône....... 678,648 h. Lyon ✠ C. I. A. D. M. 323,954 h.; Villefranche.
41. Isère........ 581,386 h. Grenoble, ✠ C. I. A. D. M. 40,484 h.; La Tour-du-Pin; Vienne; Saint-Marcellin.
42. Drôme....... 324,231 h. Valence, ✠ 20,142 h.; Die; Montélimar; Nyons.
43. Hautes-Alpes.. 125,11h. Gap, ✠ 6,5 h.; Briançon; Embrun.
44. Savoie...... 271,663 h. Chambéry ✠ C. A. 19,779 h.; Albertville; Moutiers ÷; Saint-Jean-de-Maurienne ✠.
45. Haute-Savoie.. 273,768 h. Annecy, ✠ 11,551 h.; Thonon; Saint-Julien.
46. Vaucluse..... 266,091 h. Avignon, ✠ 36,447 h.; Orange; Carpentras; Apt.
47. B.-du-Rhône.. 347,903 h. Marseille, ÷ D. M. 300,131 h.; Arles; Aix † C. I. A.
48. Var.......... 308,330 h. Draguignan, 9,819 h.; Brignoles; Toulon.
49. Basses-Alpes.. 143,000 h. Digne, ✠ 7,108 h.; Barcelonnette; Castellane; Forcalquier; Sisteron.
50. Alpes-Ma.ti. 199,818 h. Nice, ✠ 50,180 h.; Puget-Théniers; Grasse.
51. Corse........ 259,851 h. Ajaccio, ✠ 14,558 h.; Bastia, D. M. C. I.; Calvi; Corte; Sartène.
52. Haute-Loire.. 312,661 h. Le Puy, ✠ 19,532 h.; Brioude; Yssengeaux.
53. Ardèche..... 387,174 h. Privas, 7,204 h.; Tournon; Largentière.
54. Lozère....... 137,363 h. Mende, ✠ 6,453 h.; Marvejols; Florac.
55. Gard........ 429,741 h. Nîmes, ✠ C. I. 60,340 h.; Le Vigan; Alais; Uzès.
56. Hérault...... 427,445 h. Montpellier, † C. I. A. D. M. 55,306 h.; Saint-Pons; Lodève; Béziers.
57. Aude........ 283,958 h. Carcassonne, ✠ 22,173 h.; Castelnaudary; Limoux; Narbonne.
58. Tarn........ 351,513 h. Alby, † 16,536 h.; Gaillac; Lavaur; Castres.
59. H.-Garonne.. 493,777 h. Toulouse, † C. I. A. D. M. 126,936 h.; Muret; Villefranche; Saint-Gaudens.
60. Pyrén.-Orient. 189,490 h. Perpignan, ✠ D. M. 25,264 h.; Prades; Céret.
61. Ariège....... 250,436 h. Foix, 6,746 h.; Pamiers ✠; Saint-Girons.
62. Hte-Pyrénées.. 240,258 h. Tarbes, ✠ 15,658 h.; Argelès; Bagnères-de-Bigorre.
63. Gers......... 295,692 h. Auch, † 12,500 h.; Condom; Lectoure; Lombez; Mirande.
64. Tarn-et-Gar... 233,895 h. Montauban, ✠ 25,991 h.; Moissac; Castel-Sarrazin.
65. Avey. on..... 400,070 h. Rodez, ✠ 12,031 h.; Espalion; Milhau; Sainte-Affrique; Villefranche.
66. Lot......... 288,919 b. Cahors, ✠ 14,115 h.; Gourdon; Figeac.
67. Dordogne... 502,673 h. Périgueux, ✠ 20,401 h.; Nontron; Ribérac; Sarlat; Bergerac.
68. Lot-et-Garonne. 329,021 h. Agen, ✠ C. I. 13,322 h.; Marmande; Villeneuve-d'Agen; Nérac.
69. Gironde..... 705,558 h. Bordeaux, † C. I. A. D. M. 194,241 h.; Libourne; Blaye; Lesparre; La Réole; Bazas.
70. Landes..... 306,693 h. Mont-de-Marsan, 8,455 h.; Dax; Saint-Sever.
71. B.-Pyrén.... 435,486 h. Pau, C. I. 21,363 h.; Bayonne ✠ D. M.; Orthez; Oloron; Mauléon.
72. Charente... 378,218 h. Angoulême, ✠ 25,116 h.; Ruffec; Confolens; Cognac; Barbezieux.
73. Charente-Inf. 479,539 h. La Rochelle, ✠ 19,528 h.; Marennes; Rochefort; St-Jean-d'Angély; Saintes; Jonzac.
74. Vendée..... 404,413 h. Napoléon-Vendée, 8,710 h.; Sables-d'Olonne; Fontenay-le-Comte; Bressuire; Parthenay; Melle.
75. Deux-Sèvres.. 333,135 h. Niort, 20,775 h.; Bressuire; Parthenay; Melle.
76. Vienne..... 324,335 h. Poitiers, ✠ C. I. A. 31,031 h.; Loudun; Châtellerault; Montmorillon; Civray.
77. Indre-et-Loire. 325,193 h. Tours, † D. M. 41,450 h.; Loches; Chinon.
78. Loir-et-Cher. 275,757 h. Blois, ✠ 20,065 h.; Vendôme; Romorantin.
79. Eure-et-Loir. 290,753 h. Chartres, ✠ 19,412 h.; Dreux; Nogent-le-Rotrou; Châteaudun.
80. Loiret...... 335,410 h. Orléans, ✠ C. I. 49,100 h.; Pithiviers; Montargis; Gien.
81. Cher....... 336,613 h. Bourges, ✠ C. I. D. M. 30,119 h.; Sancerre; Saint-Amand.
82. Ind.-e..... 273,860 h. Châteauroux, ✠ 17,161 h.; Issoudun; Le Blanc; La Châtre.
83. Creuse..... 274,057 h. Guéret, 5,126 h.; Boussac; Aubusson; Bourganeuf.
84. Haute-Vienne.. 316,037 h. Limoges, ✠ C. I. D. M. 53,022 h.; Bellac; Rochechouart; Saint-Yrieix.
85. Corrèze.... 310,843 h. Tulle, ✠ 12,606 h.; Ussel; Brives.
86. Cantal..... 237,994 h. Aurillac, 10,993 h.; Mauriac; Murat; Saint-Flour ✠.
87. Puy-de-Dôme.. 571,690 h. Clermont-Ferrand, † A. D. M. 37,690 h.; Riom, C. I.; Thiers; Ambert; Issoire.
88. Allier..... 376,164 h. Moulins, ✠ 19,890 h.; Montluçon; Gannat; La Palisse.
89. Nièvre..... 343,773 Nevers, ✠ 20,700 b.; Cosne; Clamecy; Château-Chinon.

Chaque département est administré par un *préfet*, chaque arrondissement par un *sous-préfet*, chaque commune, par un *maire*. **Gouvernement.** — Le gouvernement de la France est une monarchie héréditaire et représentative, c'est-à-dire que le pouvoir suprême appartient à une seule personne, qui le transmet à son fils aîné et qui gouverne avec le concours d'assemblées politiques qui *représentent* la nation. Ces assemblées sont : le *Conseil d'État*, qui prépare les lois ; le *Corps législatif*, qui les discute et les vote ; le *Sénat*, qui les sanctionne ou les rejette. L'Empereur est assisté de ministres qui se partagent, sous sa direction, les diverses parties du gouvernement. La religion de la majorité des Français est le *catholicisme* ; mais les autres cultes, *protestant* et *juif*, y sont pratiqués librement.

En dehors de cette organisation administrative, la France est encore divisée en dix-sept provinces ecclésiastiques, comprenant 84 diocèses, dont 69 évêchés ; en dix-sept académies ; en vingt-huit cours impériales et en vingt-deux divisions militaires.

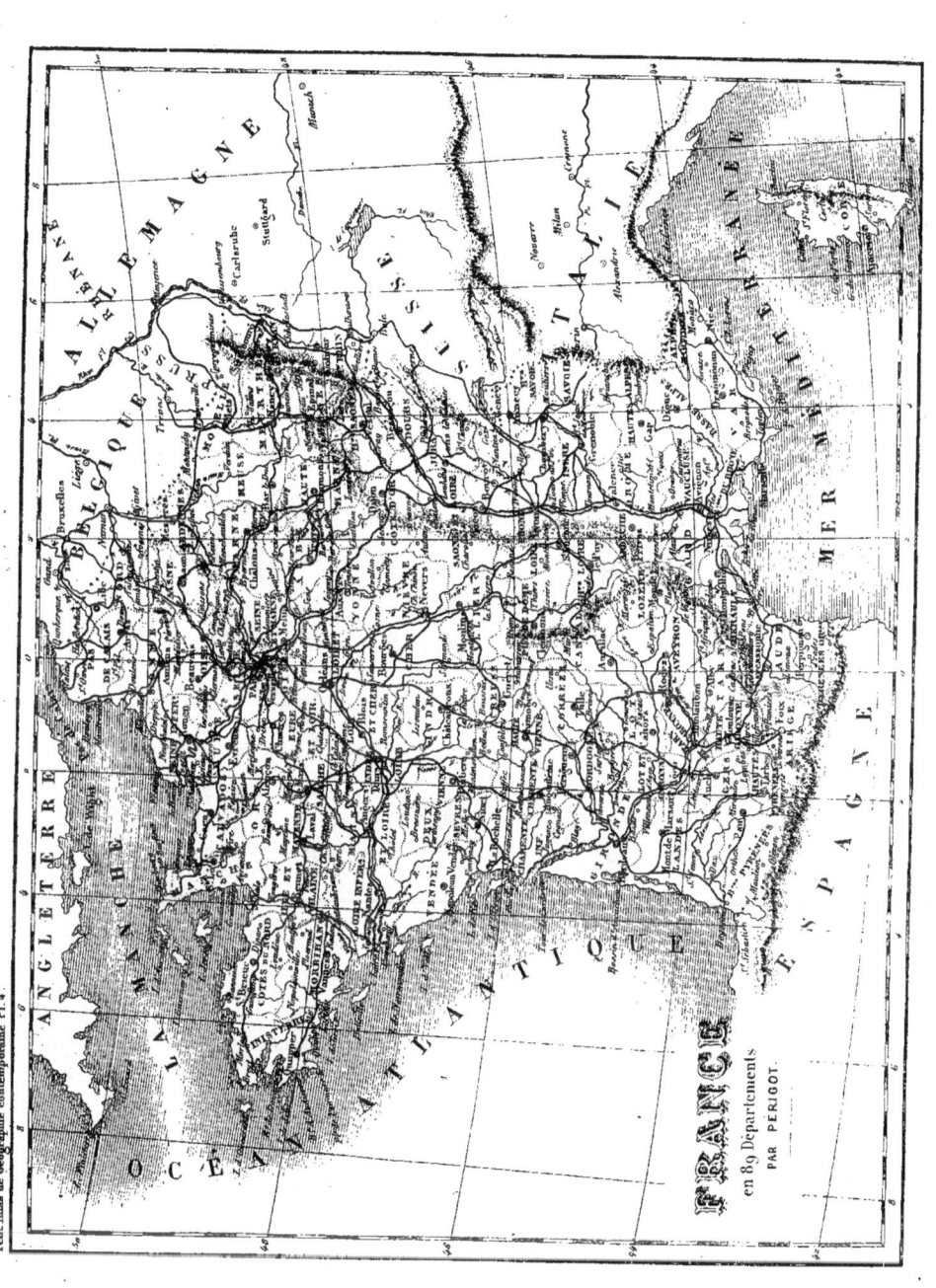

NOTICE SUR LA CARTE 4. — FRANCE AGRICOLE, COMMERCIALE ET INDUSTRIELLE.

AGRICULTURE. — ZONES. — C'est principalement d'après le climat qu'ont été tracées les grandes zones de culture qui coupent obliquement, du S.-O. au N.-E. le territoire français, à savoir : 1° LA ZONE DE L'OLIVIER, qui comprend toute la partie S.-E. de la France, voisine de la Méditerranée, et dont la partie la plus chaude (Provence) est propice à la culture de l'oranger ; 2° LA ZONE DU MAÏS, qui comprend toute la partie méridionale de la France, située au S. du plateau central, et la partie orientale, et qui renferme la *zone secondaire du mûrier*, située au S. et à l'E. des Cévennes ; 3° LA ZONE DE LA VIGNE, qui comprend toute la partie de la France située au S. de la Loire et au S.-E. de l'Oise ; 4° LA ZONE DU POMMIER, qui comprend la partie N.-O. du territoire, celle où la vigne ne mûrit pas.

L'ÉLÉVATION DU SOL. La culture n'est pas la même sur les montagnes, sur les pentes et dans les vallées. Sous ce rapport, on distingue : 1° LA RÉGION DES MONTAGNES, *qui est la région des Pyrénées, des Alpes, du Jura et des Vosges*, dans laquelle dominent les forêts et les pâturages ; 2° LA RÉGION DES PLATEAUX, qui comprend le *Plateau central*, la *Bretagne*, les *Cévennes*, les *Ardennes*, et dans laquelle les céréales, principalement le seigle et le sarrasin, sont cultivées à côté des bois et des pâturages ; 3° LA RÉGION DES PLAINES, laquelle est formée par les vallées moyennes et inférieures de nos grands fleuves, occupe à peu près la moitié de la France, et se compose surtout de terres labourables et de prairies.

LES RÉGIONS AGRICOLES. — Sous le rapport des divers modes de culture, la France a été divisée administrativement en NEUF RÉGIONS AGRICOLES, à savoir : 1° *la région du Nord-Ouest*, qui comprend le pays entre Seine et Loire, et qui est la plus riche de la France en pâturages et en bœufs ; 2° *la région du Nord*, qui comprend le pays entre la Seine et la frontière de Belgique, en est la plus productive en céréales et en plantes industrielles de tout genre ; 3° *la région du Nord-Est*, qui comprend la Champagne, la Lorraine, l'Alsace, est surtout renommée par ses vins de la Bourgogne et par ses pâturages du Jura ; 5° *la région du Nord*, le cours supérieur du Rhône, et qui, présentant des aspects divers, est surtout remarquable des châtaigneraies et des pâturages sur les hauteurs du plateau central, possède des châtaigneraies et des pâturages sur les hauteurs du plateau central, les vignes et les maïs dans les plaines ; 7° *la région du Sud-Ouest*, qui comprend la vallée de la Garonne, et dans laquelle domine la culture du maïs et de la vigne ; 8° *la région de l'Ouest*, entre la Charente, la Loire, qui, ayant des aspects divers, montre ici les vignes de la Charente, là, les pâturages du Poitou, plus loin, la riche plaine de la Touraine, surmontée le jardin de la France ; 9° *la région du Centre*, qui comprend la plus grande partie du plateau central, région plus froide que les autres régions placées au midi de la Loire, et où abondent les pâturages et les troupeaux.

LE TERRITOIRE AGRICOLE. — En somme, si l'on envisage l'ensemble des 54 millions d'hectares du territoire français, on trouve : 1° la moitié du territoire, ou 27 millions environ d'hectares en terres de labour, dont 3/5 ou 16 à 17 millions donnent des céréales, dont 1/5 ou 5 millions, est en jachères, et 1/5 ou 5 à 6 millions, en prairies artificielles, en plantes industrielles ou fourragères ; 2° 1/5 du territoire, ou 1/2 millions environ d'hectares, en prairies naturelles, en pâturages et landes ; 3° 1/22 environ ou 2 millions et demi d'hectares, en bois et forêts ; 5° le reste en routes, maisons, etc. et devait environ un million d'hectares sur les plateaux sur lesquels nous voulions en énumérer tous les produits, la matière du sujet, nous signalerons : *la France est ses Colonies*, par M. E. Levasseur, et *la France*, livre de lectures courantes, par MM. Manuel et Alvarès. Nous citerons seulement, parmi les industries extractives, les carrières de granit du Cotentin, les ardoisières d'Angers et des Ardennes, les pierres lithographiques du Gard et de l'Ardèche, les meulières de Paris, les ciments du Jouarre, les grès de Fontainebleau, le plâtre des environs de Paris, le kaolin de Saint-Yrieix (Pas-de-Calais, de l'Yonne, de la Côte-d'Or, de l'Ardèche, des marais salants ; parmi les exploitations minières, le sel gemme de la Meurthe et des marais salants ; parmi les Haute-Vienne), le sel gemme de la Meurthe et des marais salants ; la houille du Nord, de l'Est, du Centre et de l'Ouest, le fer des Vosges, de Saône-et-Loire, de l'Isère, de l'Ardèche, de l'Aveyron, des Ardennes, de la Champagne, de la Bourgogne, du Berry, du Poitou, du Périgord, des Landes. Dans tous les pays où se trouvent des mines de fer, il existe des hauts fourneaux servant à l'extraction et à l'affinage du métal.

La fabrication des machines, et spécialement des machines à vapeur, a lieu dans les principales villes de France : Paris, Rouen, le Havre, Lille, Saint-Quentin, Mulhouse, Lyon, Marseille, Nantes, etc. Les armes se fabriquent à Châtellerault, à Saint-Étienne, à Paris, à Charleville (Ardennes), à Mutzig (Bas-Rhin). Les distilleries d'acool sont établies dans l'Hérault, le département du Gers, les Charentes, le Nord. La Provence fournit des huiles d'olive, le Nord, l'Ouest des huiles d'oeillette, le Centre, les huiles de noix. Les bougies se fabriquent à Paris, à Lyon, à Marseille, les savons, en Provence, et surtout à Marseille ; en Normandie, en Picardie, à Paris.

Parmi les substances alimentaires, nous citerons les conserves de sardines, fabriquées en Bretagne, les pâtes de fécules, et de Strasbourg et de Toulouse, les conserves de viande et de légumes de Paris, du Mans et de Nantes ; les fromages dits de Maroilles (Nord), de Camembert (Orne), du Jura, produisant les fromages dits de *Gruyère*, du Cantal, du Mont-Dore et de Roquefort (Aveyron). Le sucre provient surtout des départements du Nord (Nord, Aisne, Pas-de-Calais, Somme et Oise).

Les filatures et tissages de coton sont surtout groupés en Normandie (Rouen) et en Alsace (Mulhouse). Les draps et lainages se fabriquent dans le Nord (Roubaix, Tourcoing), dans la Normandie (Elbeuf, Louviers, Lisieux, Vire), dans les Ardennes (Sedan, Reims), en Alsace et Lorraine (Bitschwiller, Sainte-Marie-aux-Mines), dans l'Isère (Vienne), dans le Languedoc (Bédarrieux, Carcassonne, Mazamet). Les toiles de lin et de chanvre se fabriquent en Flandre, en Normandie, dans le Maine et en Bretagne. Les centres de fabrication des étoffes de soie sont Lyon, Saint-Étienne, Nîmes et Tours.

Nous mentionnerons cette revue, forcément, incomplète, en citant les tapisseries d'Aubusson ; les dentelles de Normandie, du Puy, de Chantilly, de Bailleul ; les tulles de Calais et de Lyon ; les mousselines de Tarare ; les broderies de Nancy ; la ganterie de Paris et de Grenoble ; l'horlogerie de Paris et de Besançon ; les meubles de Paris, de Bordeaux et de Lyon ; les poteries de grès de Paris, de Beauvais, les faïences de Montereau, de Creil, de Sarreguemines, les porcelaines de Limoges, de Paris, du Berry et de Sèvres, les verreries du Nord, du Centre de la Loire, les cristalleries de la Lorraine (Baccarat, Saint-Louis) et de Clichy (Seine). Les glaces viennent surtout de Saint-Gobain (Aisne). La coutellerie se fait à Paris, à Thiers, à Langres et Châtellerault. Le papier se fabrique notamment à Angoulême, à Annonay (Ardèche), en Alsace, à Essonnes (Seine-et-Oise), au Marais (Seine-et-Marne).

COMMERCE. — Le commerce a pour objet de livrer aux consommateurs les produits de l'agriculture et de l'industrie. Le commerce d'un pays est en raison directe des voies de communication qui s'y trouvent. Il y a en France quatre sortes de routes ordinaires : 1° les routes impériales, longueur : 48,000 kilomètres ; 2° les routes départementales, longueur 15,000 kilomètres ; 3° les chemins vicinaux, mesurant plus de 500,000 kilomètres ; et 4° les chemins ruraux.

Dans la notice précédente, nous avons donné la liste des principaux chemins de fer ; nous n'y reviendrons pas. Nous terminerons par quelques mots sur la navigation maritime.

La navigation maritime comprend la navigation sur la mer et aux embouchures des fleuves jusqu'au point où la marée porte les bâtiments ; elle est divisée en cabotage ou navigation sur les côtes et navigation au long cours.

Les ports de cabotage sont : Marseille, le Havre, Bordeaux, Nantes, Rouen, Dunkerque, Cette, Gravelines, Boulogne. — Dieppe, Douarnenez, Granville, se livrent surtout à la pêche.

La navigation au long cours a lieu, en premier ordre, entre la France et l'Angleterre ; en second ordre, entre la France, l'Italie, la Turquie, l'Espagne, la Russie, et a son point de départ dans nos grands ports : Marseille et le Havre, au premier rang ; Bordeaux, Nantes, Dunkerque, etc., au second.

Il en est du commerce comme de l'agriculture et de l'industrie, grâce à la richesse croissante de la France et à l'amélioration des voies de communication, il s'est considérablement développé depuis le commencement du XIX° siècle : il était de 1 milliard il y a cinquante ans, il est aujourd'hui de 7 milliards et demi.

Notice sur la carte 4. — ILES BRITANNIQUES.

LIMITES. — Les ILES BRITANNIQUES ont pour bornes : au N. et à l'O., l'*Océan Atlantique* ; au S., la *Manche* ; à l'E., le *Pas-de-Calais* et la mer du Nord.

Elles se composent : 1° de deux grandes îles, l'IRLANDE, à l'O., séparée par la mer d'*Irlande*, par le canal du *Nord* et le canal de *Saint-Georges*, de la GRANDE-BRETAGNE qui comprend l'*Angleterre* et l'*Écosse* ; 2° des archipels des *Shetland*, *Orcades* et *Hébrides* ; 3° des îles de la mer d'Irlande, *Man* et *Anglesey* ; 4° des îles de la Manche, *Wight*, *Aurigny*, *Guernesey* et *Jersey*.

MONTAGNES ET FLEUVES. — La Grande-Bretagne est parcourue du N. au S. par une chaîne de montagnes qui la sépare en deux bassins : 1° celui de la mer du Nord à l'E. reçoit : le *Forth*, la *Tweed*, entre l'Écosse et l'Angleterre ; l'*Humber* et la TAMISE ; 2° celui de la mer d'Irlande à l'O. reçoit : la *Mersey* et la *Severn* dans le canal de Bristol. — L'Irlande est arrosée à l'O. par le *Shannon*.

DIVISIONS PRINCIPALES. — Les Iles Britanniques comprennent d'abord *trois Royaumes* : l'ANGLETERRE, à laquelle est jointe la *Principauté de Galles* ; l'ÉCOSSE ; l'IRLANDE. Chacun d'eux est divisé en *Comtés*.

Grandes villes d'industrie et de commerce. — LONDRES, sur la Tamise, navigable en cet endroit pour les plus grands vaisseaux, capitale de tout l'Empire Britannique, la ville la plus riche, la plus grande et la plus peuplée du monde, 2,803,000 hab. Son port, décuplé par des *Docks* ou bassins qu'entourent des magasins immenses, reçoit tous les produits du monde.

Au S. de Londres : *Douvres* et *Southampton*, relations avec Calais et le Havre ; *Portsmouth*, port de guerre ; au N., *Oxford* et *Cambridge*, universités célèbres ; à l'O., *Bristol*, grand port de commerce ; *Swansea*, exportation des fers et des houilles du pays de Galles ; *Birmingham*, la première ville d'Europe pour la fabrication des machines à vapeur et des armes ; *Liverpool*, la seconde ville de l'Angleterre, immense commerce de coton avec les États-Unis ; *Manchester*, le plus grand centre de fabrication des cotonnades. Au N., *Sheffield*, fabriques de coutellerie ; *Halifax* et *Leeds*, manufactures de draps ; *Hull*, grand port sur l'Humber ; *Newcastle*, immense exportation de houille.

En Écosse, ÉDIMBOURG, la capitale, commerce de librairie ; *Dundée*, centre de l'industrie des toiles ; *Glascow*, vastes usines pour les machines à vapeur et la construction des navires.

En Irlande, DUBLIN, la capitale, à l'E : v. pr. *Belfast*, au N., fabriques de cotonnades.

POPULATION ; RELIGION. — La population est de 29,000,000 d'habitants. — La religion de l'Angleterre et du pays de Galles est le *Protestantisme Anglican* ou *Épiscopal*, ainsi appelé parce qu'il a conservé des *évêques* ; il reconnaît le souverain comme chef suprême de l'Église. Au contraire, en Écosse domine le *Calvinisme* pur ou *Presbytérianisme*, qui n'admet que des *prêtres*. La majorité de l'Irlande est catholique.

GOUVERNEMENT. — Le gouvernement est une *monarchie constitutionnelle* ou *représentative*, c'est-à-dire que le souverain, roi ou reine, gouverne d'après une loi fondamentale ou *Constitution* et partage le pouvoir de faire des lois avec des assemblées ou chambres qui *représentent* la nation. En Angleterre, c'est la *Chambre des Lords* ou *des Pairs* qui est héréditaire, et la *Chambre des Communes*, formée de députés élus par les comtés et les villes ; l'ensemble des deux Chambres s'appelle PARLEMENT.

COMMERCE ; COLONIES. — L'Angleterre est la première puissance commerciale du monde. Elle doit ce rang aux produits naturels de son sol, houille, métaux, céréales, bestiaux ; aux voies de communication, routes, canaux, chemins de fer, qui la sillonnent ; enfin, à ses nombreuses colonies qui servent d'abri sur toutes les mers à ses vaisseaux et lui envoient les productions de tous les climats. Les plus importantes sont : *Gibraltar* et *Malte*, qui commandent la Méditerranée ; *Le Cap* et *Maurice*, au S. de l'Afrique, sur le chemin de l'Europe aux Indes ; *Aden*, *Ceylan*, l'*Indoustan*, *Singapour* et *Hong-Kong*, qui assurent sa puissance dans le S. et l'E. de l'Asie ; l'*Australie* et la *Nouvelle-Zélande*, qui relient l'Asie à l'Amérique ; dans celle-ci, le *Canada*, la plupart des *Antilles* et la *Guyane Anglaise*, qui tiennent le N., le centre et le S. du Nouveau-Monde.

NOTIONS GÉNÉRALES. — L'Angleterre est un pays humide, les brouillards dont l'air est très-souvent chargé entretiennent une fraîcheur favorable aux pâturages. Aussi les bestiaux et chevaux anglais sont-ils fort estimés. Le pays est trop froid pour qu'on y cultive la vigne. La bière est la boisson principale. L'Écosse et l'Irlande sont couvertes de lacs, et leur sol est moins riche que celui de l'Angleterre ; la première est un pays de montagnes, la seconde un pays de plaines. La population totale de l'empire britannique, en y comprenant ses possessions des cinq parties du monde, s'élève à plus de 192 millions d'âmes.

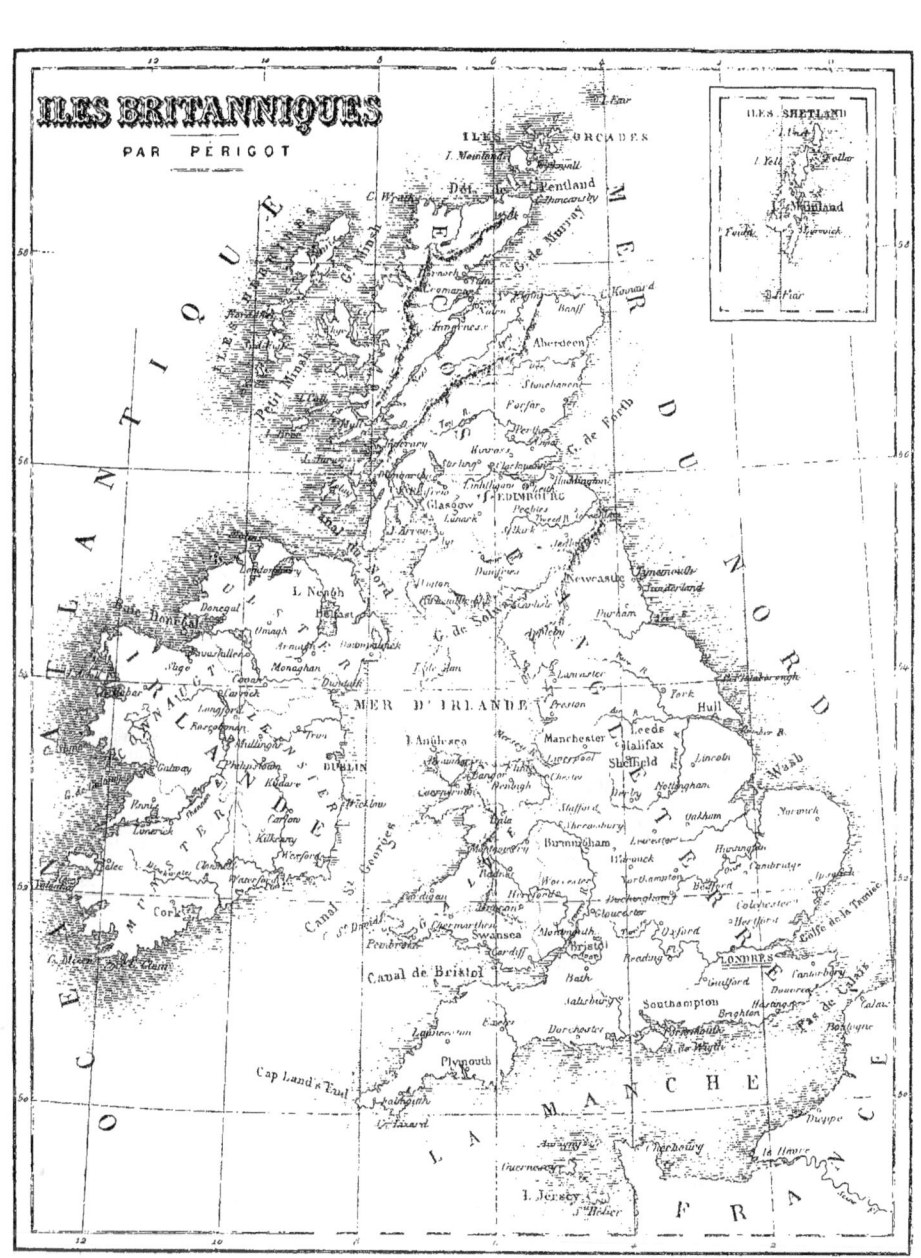

Notice sur la carte 6. — HOLLANDE ou PAYS-BAS et BELGIQUE.

HOLLANDE. — LIMITES. Les PAYS-BAS ou ROYAUME DE HOLLANDE ont pour limites : au N. et à l'O., la mer du Nord; au S., la Belgique; à l'E., la Prusse.

GOLFES ET FLEUVES. — Les Pays-Bas, ainsi nommés de ce que sur les côtes le sol est au-dessous même du niveau de la mer, contre laquelle il a fallu le préserver en construisant des digues, ne renferment aucune montagne. Mais les côtes sont découpées par des golfes profonds : au N., le Dollart, le Zuiderzée ou mer du Sud, ancien lac agrandi par une inondation de la mer du Nord. Au S.-O., le Zuiderzée se creuse en un golfe étroit appelé Golfe de l'Y; jusqu'en 1855, il formait, au delà, la petite mer de Haarlem, dont le dessèchement a rendu à la culture 18,000 hectares.

Les embouchures du Rhin, de la Meuse et de l'Escaut se confondent au milieu d'îles basses et de canaux. Le Rhin se divise en quatre bras : au N., l'Yssel, qui se jette dans le Zuiderzée ; à l'O., le Wahal, puis le Leck, qui se mêlent à la Meuse; le Vieux-Rhin qui, très-affaibli, se jette dans la mer du Nord au-dessous de Leyde. — La Meuse se confond au N. avec le Rhin, au S. avec l'Escaut, qui se divise en Escaut Oriental et Escaut Occidental.

DIVISIONS. Grandes villes d'industrie et de commerce. — Les Pays-Bas proprement dits sont divisés en onze PROVINCES : 1° quatre au N. : GRONINGUE, FRISE, DRENTHE et OVER-YSSEL, qui font un commerce considérable de tourbe, d'argiles et de chevaux estimés, dits Chevaux Frisons; v. pr. Groningue, université; Leeuwarden. 2° Deux au centre : GUELDRE, ch.-l. Arnheim; v. pr. Nimègue, commerce avec l'Allemagne par le Rhin ; PROVINCE D'UTRECHT, ch.-l. Utrecht, université, fabriques de velours et de draps. 3° Trois à l'O. : HOLLANDE DU NORD et HOLLANDE DU SUD, les plus industrieuses et les plus fertiles; v. pr. Amsterdam, l'ancienne capitale du pays et aujourd'hui encore la ville la plus importante, 261,000 h.; elle est bâtie presque tout entière sur pilotis et sillonnée de canaux; grand commerce avec l'Angleterre ; la taille des diamants y est portée à la perfection; Saardam, chantiers de construction en face d'Amsterdam. Au S., LA HAYE, cap. actuelle du royaume, 85,000 hab.; Leyde, sur le Vieux-Rhin, université; Rotterdam, excellent port sur la Meuse; armements pour la pêche du hareng et de la morue. — Dans la ZÉLANDE, Middelbourg, ch.-l. dans l'île de Walcheren; au S. de la même île, Flessingue, place forte à l'entrée de l'Escaut. 4° Deux au S. : BRABANT et LIMBOURG ; ch.-l. Bois-le-Duc et Maestricht. — Au Royaume des Pays-Bas on a joint le GRAND-DUCHÉ DE LUXEMBOURG. Jusqu'en 1866, il a fait partie de la Confédération germanique, et sa capitale, Luxembourg, place très-forte, était occupée par une garnison prussienne; depuis 1867, il n'a plus aucun rapport politique avec l'Allemagne et forme un petit État indépendant, gouverné par le roi des Pays-Bas.

POPULATION ; RELIGION ; GOUVERNEMENT. — La population est de 3,735,000 habitants. — La religion principale est le Protestantisme calviniste. — Le gouvernement est une monarchie constitutionnelle. Le souverain, de la maison d'Orange-Nassau, partage le pouvoir avec les États-Généraux, composés de deux Chambres.

COLONIES. — Les Pays-Bas sont, après l'Angleterre, la puissance européenne qui possède les plus riches colonies. Elles sont peuplées de 20,000,000 d'habitants et se composent : 1° de quelques comptoirs sur les côtes de Guinée en Afrique ; 2° de plusieurs des Petites Antilles et de la Guyane Hollandaise dans l'Amérique du Sud; 3° des archipels de la Sonde et des Moluques en Océanie.

BELGIQUE. — LIMITES. La Belgique a pour limites : au N., la Hollande ou Pays-Bas; à l'O., la mer du Nord; au S., la France; à l'E., le Grand-Duché de Luxembourg et la Prusse.

MONTAGNES ET FLEUVES. — La Belgique n'a de montagnes qu'au S.-E., les Collines de Belgique et le N. des Ardennes. Ses deux fleuves sont l'Escaut et la Meuse. L'Escaut reçoit à gauche la Lys; à droite, la Dender et le Rupel, formé de la réunion de la Senne, de la Dyle accrue de la Demer, et des deux Nèthes. — La Meuse reçoit à droite l'Ourthe et à gauche la Sambre.

DIVISIONS. Grandes villes d'industrie et de commerce. — La Belgique se divise en 9 PROVINCES, dont 5 dans le bassin de l'Escaut :

1° HAINAUT, ch.-l. Mons, exploitation considérable de houille; villes principales : Charleroi, sur la Sambre, fabriques de clous et de canons de fusil; Tournai, sur l'Escaut, manufacture de tapis; Jemmapes et Fontenoy, victoire des Français en 1792 et 1745; 2° BRABANT, ch.-l. BRUXELLES, sur la Senne, capitale du Royaume, 183,000 habitants, industrie de dentelles et commerce considérable de librairie; v. pr. Louvain, université et brasseries de bière; Waterloo, célèbre défaite de Napoléon en 1815 ; 3° PROVINCE D'ANVERS, ch.-l. Anvers, 120,000 hab., place forte sur l'Escaut, commerce maritime très-important, surtout avec l'Angleterre ; v. pr. Malines, dentelles renommées; 4° FLANDRE ORIENTALE, ch.-l. Gand, au confluent de la Lys et de l'Escaut; tissage de toiles, de cotonnade et de draps ; 5° FLANDRE OCCIDENTALE, ch.-l. Bruges, fabriques de cuirs et de linge damassé; v. pr. Ostende, pêcheries d'huîtres; Ypres et Courtrai au S., linge damassé et dentelles.

Quatre provinces dans le bassin de la Meuse :

1° PROVINCE DE NAMUR, ch.-l. Namur, au confluent de la Sambre dans la Meuse, coutellerie renommée et exploitation de marbres; v. pr. Dinant, ouvrages en cuivre battu et ciselé; 2° LUXEMBOURG, ch.-l. Arlon; 3° PROVINCE DE LIÉGE, ch.-l. Liége, au confluent de l'Ourthe dans la Meuse ; l'un des plus grands centres industriels de l'Europe, fonderies de canons, fabriques d'armes et construction de machines à vapeur, quincaillerie et exploitation de houille; Spa, eaux minérales très-fréquentées; 4° LIMBOURG, ch.-l. Hasselt.

POPULATION ; RELIGION ; GOUVERNEMENT. — La population est de 4,940,000 habitants. On les divise en Wallons au S.-E., parlant le français, et en Flamands au N.-O., parlant une langue d'origine allemande; mais le français est la langue officielle, c'est-à-dire celle du Gouvernement. La religion est le catholicisme. Le gouvernement de la Belgique, qui n'existe comme État indépendant que depuis 1831, est une monarchie constitutionnelle; le roi, de la maison de Saxe-Cobourg-Gotha, partage le pouvoir avec un Parlement composé de deux Chambres, un Sénat et une Chambre des représentants, toutes deux élues par la nation.

La Belgique ne possède aucune colonie, mais elle n'en fait pas moins un très-grand commerce, son sol recélant en abondance la houille, le fer, et produisant les céréales et les plantes industrielles de toute nature. Le pays étant plat, on a pu y creuser facilement des canaux et y construire de nombreux chemins de fer qui réunissent toutes les villes importantes entre elles et avec celles de la France, de la Hollande et de l'Allemagne.

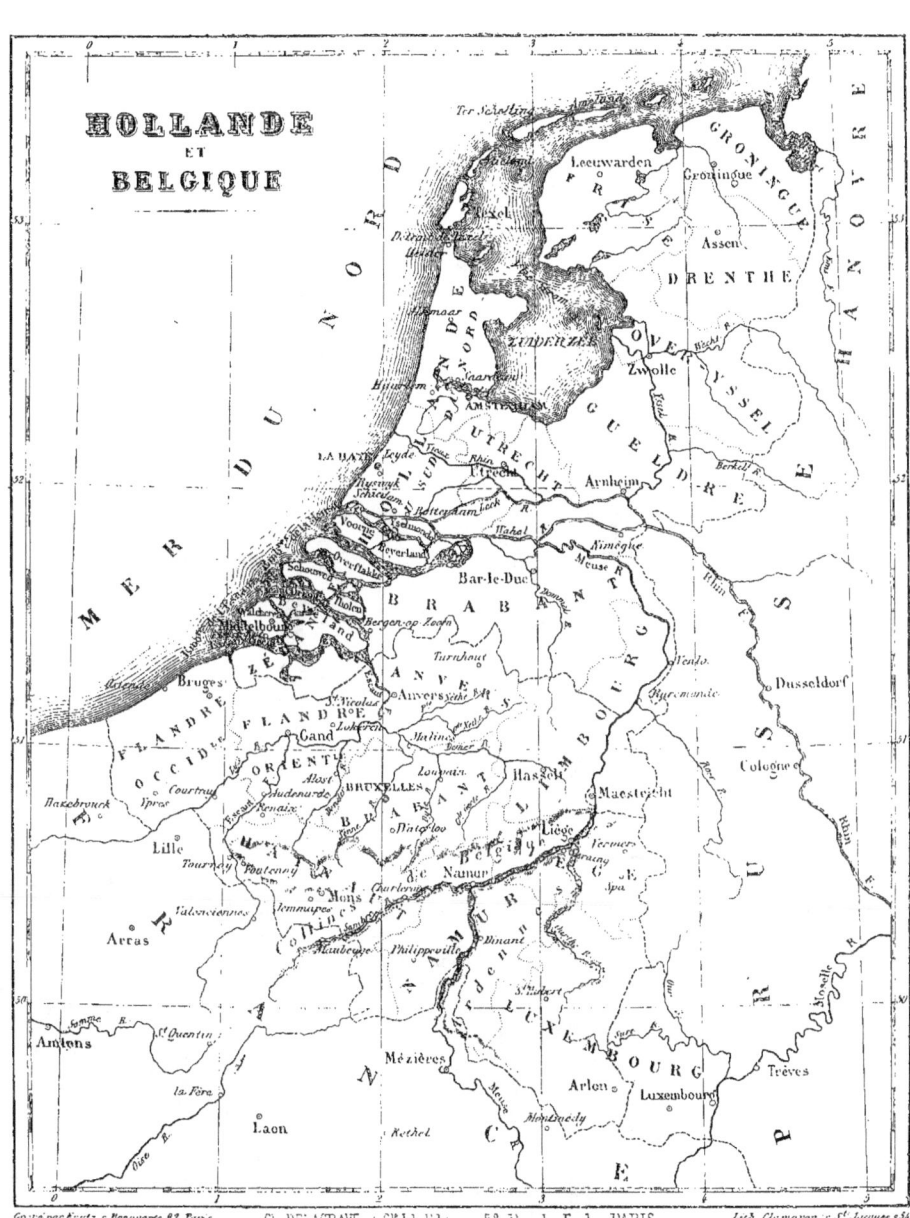

NOTICE SUR LA CARTE 7. — ALLEMAGNE.

De 1815 à 1866, l'Allemagne fut composée, sous le nom de Confédération germanique, de 34 États, dont deux grands, l'Autriche et la Prusse, et 32 petits. Par suite de la guerre qui a éclaté en 1866 entre la Prusse et l'Autriche, celle-ci a été exclue de l'Allemagne par sa rivale victorieuse, la Confédération germanique dissoute et remplacée par trois groupes politiques : 1° la Confédération du Nord, formée, sous la suprématie de la Prusse, des 20 petits États allemands au N. du Mein ; 2° les États Allemands du Sud ; 3° l'Autriche.

1° CONFÉDÉRATION DU NORD.

La Prusse en est de beaucoup l'État le plus important : depuis les agrandissements qu'elle a reçus en 1866, elle a pour bornes : au N., la mer Baltique ; à l'O., la Hollande, la Belgique et la France ; au S., la Hesse-Darmstadt, la Bavière, les duchés et le royaume de Saxe et l'Autriche ; à l'E., la Russie.

Divisions ; villes principales. — Elle est aujourd'hui divisée en onze provinces : 1° Prusse propre, arrosée par la Vistule ; ch.-l. *Kœnigsberg* ; v. pr. *Dantzig*, place forte et commerce d'eaux-de-vie ; 2° Silésie, arrosée par l'Oder ; ch.-l. *Breslau*, grande industrie de draps et de toiles ; 3° Province de Posen, ch.-l. *Posen* ; 4° Poméranie, arrosée par l'Oder ; ch.-l. *Stettin* ; v. pr. *Stralsund*, place forte, en face l'île de Rugen ; 5° Brandebourg, ch.-l. *Berlin*, sur la Sprée, capitale du royaume, 633,000 hab. ; v. pr. *Potsdam*, château royal ; et *Francfort sur-l'Oder*, foire pour la vente des laines ; 6° Saxe, ch.-l. *Magdebourg*, place forte et entrepôt de commerce au centre du bassin de l'Elbe ; 7° Sleswig-Holstein, conquis en 1864 sur le Danemark ; ch.-l. *Kiel*, beau port sur la Baltique ; 8° Hanovre, arrosé par le Weser, et conquis en 1866 ; ch.-l. *Hanovre* ; 9° Hesse et Nassau, conquis en 1866, et arrosés par le Weser et le Rhin ; ch.-l. *Cassel* ; v. pr. *Francfort-sur-le-Mein*, nombreuses maisons de banque et ancienne capitale de la Confédération germanique ; 10° Westphalie, ch.-l. *Munster*, traité célèbre en 1648 ; 11° Province du Rhin ou Prusse Rhénane, ch.-l. *Coblenz*, au confluent de la Moselle et du Rhin ; v. pr. *Cologne*, *Aix-la-Chapelle* et *Trèves*.

Population, religion, gouvernement. — La population est de 23,590,000 habitants. La religion de la majorité est le *protestantisme luthérien*. Le gouvernement est une *monarchie constitutionnelle* ; le roi, de la maison de Hohenzollern, partage le pouvoir avec une *Diète* composée de deux assemblées : la *Chambre des seigneurs* et la *Chambre des députés*.

Les 20 petits États qui, avec la Prusse, composent la Confédération du Nord, sont les suivants : royaume de Saxe, cap. *Dresde* ; v. pr. *Leipzig* ; duchés de Saxe-Altenbourg, Saxe-Cobourg-Gotha, Saxe-Meiningen, Saxe-Weimar ; les principautés de Reuss-Greitz, Reuss-Schleiz, Schwarzbourg-Rudolstadt et Schwarzbourg-Sondershausen, avec des capitales du même nom ; le duché d'Anhalt, cap. *Dessau* ; les grands-duchés de Mecklembourg-Schwérin et de Mecklembourg-Strélitz, avec des capitales du même nom ; les trois villes libres de Lubeck, sur la Baltique, Hambourg, sur l'Elbe, et Brême, sur le Weser, les principaux centres du commerce extérieur de l'Allemagne ; le grand-duché d'Oldenbourg et le duché de Brunswick, capitales du même nom ; les principautés de Lippe-Detmold, Schaumbourg-Lippe et Waldeck.

La Confédération du Nord, dont la capitale est Berlin, a une population de 29,248,000 habitants.

2° ÉTATS ALLEMANDS DU SUD.

Ils sont au nombre de quatre : 1° le royaume de Bavière, cap. *Munich* ; une partie de ce royaume, appelée *Bavière Rhénane*, est située sur le Rhin, au N.-E. de la France ; v. pr. *Landau* ; 2° le royaume de Wurtemberg, cap. *Stuttgard* ; 3° le Grand-Duché de Bade, cap. *Carlsruhe* ; 4° le Grand-Duché de Hesse-Darmstadt, dont la moitié, située au N. du Mein, fait partie de la Confédération du Nord ; cap. *Darmstadt* ; v. pr. *Mayence*, place forte sur le Rhin. — La population totale de ces États est de 8,745,000 habitants.

3° EMPIRE D'AUTRICHE.

Limites, montagnes, fleuves. — L'Autriche a aujourd'hui pour limites : au N., la Saxe, la Prusse et la Russie ; à l'E., la Russie et la Turquie ; au S., la Turquie et la mer Adriatique ; à l'O., le royaume d'Italie, la Suisse et la Bavière. — Elle est traversée par deux grandes chaînes de montagnes : à l'O. les *Alpes*, à l'E. les *Carpathes* ; elle est arrosée au N. par le cours supérieur de l'*Elbe*, de la *Vistule* et du *Dniester* ; au S., par le *Danube*, grossi sur sa rive droite de l'*Inn*, de la *Drave* et de la *Save* ; sur sa rive gauche, du *Theiss*. Entre le Danube et la Drave, s'étend le lac *Balaton*.

Divisions ; villes principales. — L'empire d'Autriche comprend 18 provinces, réparties entre deux grandes divisions politiques : les *pays autrichiens* proprement dits, au N. et à l'O. ; les *pays hongrois*, à l'E. et S.

Parmi les pays autrichiens on distingue : l'Autriche propre, ch.-l. *Vienne*, cap. de tout l'empire, sur le Danube, 560,000 hab. ; v. pr. *Wagram*, victoire de Napoléon en 1809 ; la Bohême, ch.-l. *Prague*, grand commerce de cristaux, dits *verres de Bohême* ; la Moravie, ch.-l. *Brunn* ; auprès est *Austerlitz*, victoire de Napoléon en 1805 ; la Galicie, ancienne partie de la Pologne, ch.-l. *Lemberg* ; v. pr. *Cracovie* ; au S.-O., le Tyrol, ch.-l. *Inspruck* ; la Styrie, ch.-l. *Gratz* ; l'Istrie, ch.-l. *Trieste*, centre du commerce extérieur de l'Allemagne du Sud, un des plus beaux ports de l'Europe sur l'Adriatique. — Parmi les pays hongrois, la Hongrie propre, ch.-l. *Bude* ou *Ofen* ; v. pr. *Pesth*, située en face sur le Danube ; la Transylvanie, ch.-l. *Klausenbourg* ; la Croatie, ch.-l. *Agram*.

Population, religion, gouvernement. — La population est de 32,373,000 habitants. La religion principale est le *catholicisme*. Le gouvernement est une *monarchie constitutionnelle* ; l'empereur partage le pouvoir avec deux *Diètes*, l'une pour les pays autrichiens, l'autre pour les pays hongrois ; chacune est composée de deux assemblées, la *Chambre des seigneurs* et la *Chambre des députés*.

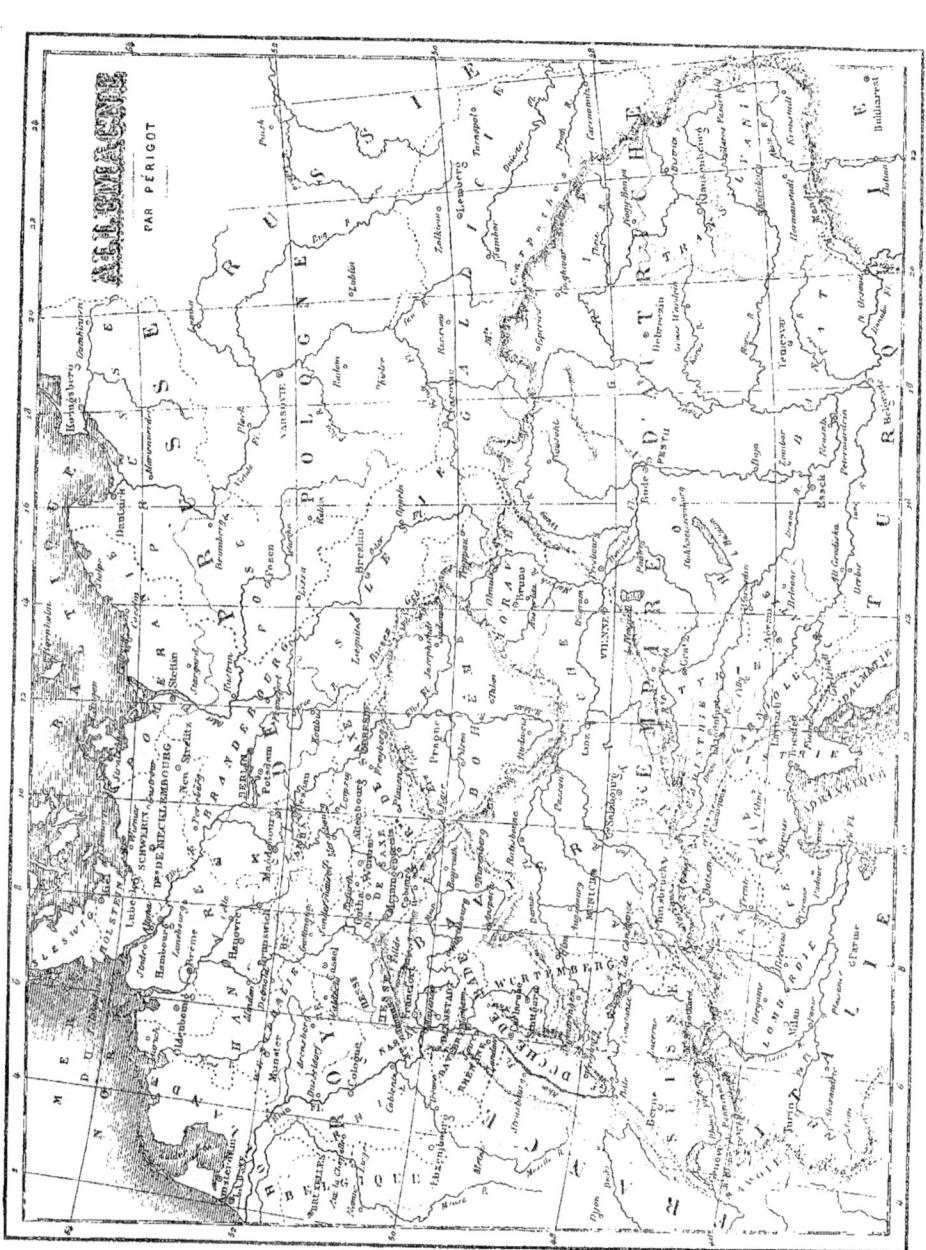

NOTICE SUR LA CARTE 8. — SUISSE.

Limites. La Suisse a pour limites : au N., le *Rhin* et le lac de *Constance* qui la séparent des États allemands de Bade, Wurtemberg et Bavière ; à l'E., le *Rhin* et les *Alpes* vers l'Autriche ; au S., les *Alpes* et le lac de *Genève* du côté de l'Italie et de la France ; à l'O., le *Rhône* et le *Jura* vers la France.

Montagnes, fleuves et lacs. La Suisse est traversée par le *Jura*, le *Jorat* et les *Alpes*. Celles-ci se divisent en *Alpes Bernoises*, depuis le lac de *Genève* jusqu'au massif du *Saint-Gothard*, et en *Alpes Centrales*, jusqu'à la frontière d'Autriche ; du *Saint-Gothard* se détachent plusieurs rameaux : au S.-O., les *Alpes Pennines*, avec les passages du *Simplon* et du *Grand Saint-Bernard* ; au N.-E., les *Alpes d'Uri*, qui couvrent la Suisse orientale.

Le *Rhin*, sorti du Saint-Gothard, coule du S. au N. jusqu'au lac de Constance, et de ce lac à l'O. jusqu'à Bâle, après avoir formé près de Schaffhouse la *chute de Lauffen*. Il reçoit : 1° l'*Aar*, 2° l'*Aar*, qui traverse les lacs de *Brienz* et de *Thun*, et est grossi lui-même : à droite, de la *Reuss* qui remplit le lac de *Lucerne* ou des *Quatre-Cantons*, et de la *Limmat* sortie du lac de *Zurich* ; à gauche, de la *Thièle*, qui verse les eaux des lacs de *Neufchâtel*, de *Morat* et de *Bienne*.

Le *Rhône* prend naissance au versant occidental du Saint-Gothard, coule de l'E. à O., traverse le lac *Léman* ou lac de *Genève*, et entre en France au-dessous de cette ville. — Le *Tessin*, sorti du versant S. du Saint-Gothard, remplit le lac *Majeur*, dont la pointe N. appartient seule à la Suisse, et va se jeter dans le Pô. — L'*Inn*, affluent du Danube en Allemagne, ne traverse qu'une petite partie du S.-E. de la Suisse.

Divisions ; villes d'industrie et de commerce. La Suisse est partagée en 22 *cantons*; dont la plupart portent le nom de leur chef-lieu. Cinq appartiennent à la région occidentale ou du Jura.

1° *Genève*, la ville la plus peuplée de Suisse, 41,000 hab. ; sa position sur le lac et sur le Rhône en fait le centre des relations de la Suisse avec la France et l'Italie ; grande fabrication d'horlogerie, pour laquelle elle est sans rivale en Europe ; 2° *Vaud*, ch.-l. *Lausanne* ; 3° *Fribourg*, ch.-l. d'un canton qui nourrit une belle race de vaches laitières ; v. pr. *Gruyères*, grande fabrication de fromages ; *Morat*, victoire des Suisses sur Charles le Téméraire, en 1476 ; 4° *Neufchâtel*, commerce de bestiaux ; v. pr. *Le Locle* et *La Chaux-de-Fonds*, industrie d'horlogerie qui rivalise avec celle de Genève ; 5° *Soleure*.

Sept cantons dans la région du Nord : 1° *Bâle*, centre d'un grand commerce avec la France et l'Allemagne, fabriques de rubans de soie ; 2° *Argovie*, ch.-l. *Aarau* ; 3° *Zurich*, fabrication très-importante de soieries et de toiles imprimées ; 4° *Schaffhouse* ; 5° *Thurgovie*, ch.-l. *Frauenfeld* ; 6° *Saint-Gall*, grande fabrication de mousselines ; 7° *Appenzell*, même industrie.

Sept cantons au centre : 1° *Glaris* ; 2°, 3°, 4° *Schwitz*, qui a donné son nom à la Suisse, parce qu'avec les cantons d'*Uri*, ch.-l. *Altorf*, et d'*Unterwald*, ch.-l. *Stanz*, appelés *cantons libérateurs*, il a donné le signal de la révolution qui, en 1308, affranchit la Suisse du joug de l'Autriche ; 5° *Zug* ; 6° *Lucerne* ; 7° *Berne*, le plus grand canton de la Suisse, ch.-l. *Berne*, sur l'Aar, 30,000 hab, capitale fédérale de la République.

Trois cantons au Sud : 1° *Valais*, ch.-l. *Sion* ; 2° *Tessin*, v. pr. *Bellinzona* ; 3° *Grisons*, ch.-l. *Coire*.

Population, religion, gouvernement. La population est de 2,510,000 hab., *Allemands* dans le N., l'E., et le centre ; *Français* dans l'O. ; *Italiens* au S. Ils se divisent en *protestants*, luthériens au N. et à l'E., calvinistes à l'O., surtout à Genève, où Calvin prêcha la réforme ; *catholiques* au centre et au S.

Le gouvernement est une *république fédérative* ou formée de cantons unis. Chaque canton a son gouvernement particulier. Pour le gouvernement fédéral, le pouvoir législatif est confié à une *Diète* ou assemblée fédérale composée de deux Chambres : le *Conseil des États* et le *Conseil national* ; le pouvoir exécutif est remis à un *Conseil fédéral* de 7 membres choisis par la Diète.

Notions générales. — La Suisse est un pays célèbre entre tous ceux de l'Europe par ses sites pittoresques, ses montagnes couvertes de neiges éternelles, ses glaciers, ses lacs, ses vallées délicieuses, ses excellents pâturages. Toutefois le sol est peu fertile en céréales, et la production ne suffit pas à la consommation des habitants. A l'exception des cantons de Lucerne, Uri, Schwitz, Unterwald, Zug, Fribourg, Soleure, Appenzell-Intérieur, le Tessin et le Valais, dont tous les habitants sont catholiques, la population suisse se partage entre le catholicisme et le protestantisme. On parle français dans les cantons qui avoisinent la France, allemand dans ceux qui touchent l'Allemagne, italien dans les cantons limitrophes de l'Italie.

SUISSE
PAR PÉRIGOT

Paris
Librairie CH. DELAGRAVE et Cie Éditeurs

Notice sur la carte 9. — ITALIE.

Limites. L'Italie a pour bornes : au N.-O. et au N. vers la France, la Suisse et l'Autriche, la Roja, les Alpes et le golfe de Trieste ; à l'E., l'*Adriatique*, le canal d'*Otrante* et la mer *Ionienne*, qui forme le golfe de *Tarente* ; au S. et à l'O., la *Méditerranée*, qui forme la mer *Tyrrhénienne* et le golfe de *Gênes*. De l'Italie dépendent deux grandes îles : la *Sicile*, séparée du continent par le détroit ou phare de *Messine* ; la *Sardaigne*, séparée de la Corse, possession française, par le détroit ou bouches de *Bonifacio* ; en outre, les îles *Lipari*, au S.-O.

Montagnes et volcans. Les Alpes décrivent un demi-cercle divisé en *Alpes Maritimes, Cottiennes, Pennines, Centrales, Carniques* et *Juliennes*. Aux Alpes se rattachent, près de Gênes, les Apennins, dirigés du N.-O. au S.-E. et terminés par les caps *Leuca* et *Spartivento*. On trouve en outre trois volcans : le *Vésuve*, près de Naples ; le *Stromboli*, dans les îles Lipari, et surtout l'*Etna* (3,313 mètres), en Sicile.

Fleuves et lacs. Les Apennins divisent la Péninsule en deux bassins : 1° à l'E., le Bassin de l'Adriatique, où tombent l'*Adige* et surtout le *Pô*, recevant : à droite, le *Tanaro* et le *Reno* ; à gauche, le *Tessin* sorti du lac *Majeur* ; l'*Adda*, du lac de *Côme* ; le *Mincio*, du lac de *Garde* ; 2° à l'O., le Bassin de la mer Tyrrhénienne, qui reçoit : l'*Arno*, le *Tibre* et le *Voiturne* ; dans cette région, les lacs de *Pérouse*, de *Bolsena* et *Fucin*.

Divisions. La Péninsule italique, qui comprenait sept États avant 1859, n'en compte plus que deux aujourd'hui : l'*État de l'Église* et le *Royaume d'Italie*.

1° ÉTAT DE L'ÉGLISE.

Villes. L'État de l'Église, réduit au bassin inférieur du Tibre, a pour capitale Rome sur le Tibre, 240,000 hab., métropole du monde catholique et siège de la papauté ; elle est fameuse par ses monuments antiques, le Colisée, le Panthéon, la Colonne Trajane, et par ses édifices modernes, la Basilique de Saint-Pierre, le Palais du Vatican, etc. ; v. pr., au N., *Civita-Vecchia*, port de commerce.

La population est de 700,000 habitants. Le gouvernement est une *monarchie théocratique*, c'est-à-dire que le Pape, chef spirituel de l'Église, est en même temps souverain temporel du territoire : il est élu par le collège des cardinaux.

2° ROYAUME D'ITALIE.

Divisions. Le Royaume d'Italie comprend le reste de la Péninsule avec les îles de Sardaigne, Sicile et Lipari. Il se divise en 67 provinces, réparties entre 9 régions historiques : 4 au N., *Piémont, Lombardie, Vénétie* et *Duchés* ; 3 au centre : *Légations, Toscane* et *Sardaigne* ; 2 au S., *Provinces napolitaines* et *Sicile*.

Villes. Dans le Piémont : *Turin*, l'anc. capitale jusqu'en 1865 ; *Alexandrie*, place forte ; auprès est le village de *Marengo*, victoire des Français en 1800 ; *Gênes*, patrie de Chr. Colomb, et l'un des plus grands ports de commerce de la Méditerranée.

Dans la Lombardie : *Milan* ; *Solferino*, victoire des Français en 1859.

Dans la Vénétie : *Venise*, bâtie sur plus de 80 îles dans les *Lagunes* ; ancienne et illustre République, aujourd'hui déchue de son importance commerciale qui a passé à Trieste ; . *Vérone* et *Mantoue*, places très-fortes.

Dans les Duchés : *Parme* et *Modène*, anciennes capitales de ces duchés ; *Plaisance*, place forte.

Dans la Toscane : *Pise*, l'ancienne rivale de Venise et de Gênes, aujourd'hui déchue ; *Livourne*, l'un des ports les plus considérables de la Méditerranée, surtout pour le commerce avec le Levant ; l'île d'*Elbe*, séjour de Napoléon en 1814 ; Florence, sur l'Arno, cap. du Royaume d'Italie, 114,000 hab., riches musées de peinture et de sculpture.

Dans les Légations : *Ferrare*, place forte ; *Bologne* ; *Ancône*, bon port sur l'Adriatique.

Dans les Provinces Napolitaines : *Gaëte*, place très-forte ; *Naples*, la ville la plus peuplée de l'Italie, 419,000 hab., célèbre par la beauté de son golfe, par le voisinage du *Vésuve* et des villes antiques d'*Herculanum* et de *Pompéi*, englouties sous les laves et les cendres du volcan, et dont la dernière est presque tout entière exhumée ; *Brindisi* ou *Brindes*, passage fréquenté d'Italie en Turquie ; *Tarente*. Dans le S.-O., appelé Calabre, *Reggio*, pêcheries de corail.

Dans la Sicile : *Messine*, place forte et commerçante sur le détroit ou phare de *Messine*, et *Catane*, au pied de l'Etna, exportation des soufres du volcan ; *Palerme*, ancienne capitale de l'île.

Dans la Sardaigne : *Cagliari* au S.

Un État est enclavé dans le territoire italien : la *République de Saint-Marin*, près de Rimini, 7,000 hab. — Deux îles de la région italienne n'appartiennent pas politiquement au royaume d'Italie : la *Corse*, département français, et au S., le groupe de *Malte*, à l'Angleterre ; ch.-l. *La Valette*, forteresse de premier ordre, et que sa position au centre de la Méditerranée fait un des grands entrepôts du commerce entre l'Angleterre, l'Italie, l'Afrique et le Levant ; exportation d'oranges renommées.

Population, religion, gouvernement. La population du royaume d'Italie est aujourd'hui de 24,273,000 hab. La religion est le *Catholicisme* ; le gouvernement est une *monarchie constitutionnelle*. Le souverain, de la maison de Savoie, partage le pouvoir avec un *Parlement* composé de deux chambres : un *Sénat* et une *Chambre des députés*.

Notions générales. — L'Italie, traversée du N.-O. au S.-E. par la chaîne des Apennins, jouit d'un climat délicieux et sain. Les chaleurs de l'été y sont tempérées par le voisinage de la mer ou la proximité des montagnes. C'est une des plus belles contrées du globe. Jadis le siège et le centre de la puissance romaine, l'Italie est couverte de précieux restes des monuments de l'antiquité, qui rappellent à notre souvenir les grands événements dont elle a été le théâtre. Elle a produit un grand nombre de littérateurs, de savants, de peintres, de sculpteurs et de musiciens.

NOTICE SUR LA CARTE 10. — EUROPE PHYSIQUE ET POLITIQUE.

Les États de l'Europe qui précèdent sont les plus importants par leurs relations avec la France qu'ils touchent sur ses frontières. Les 7 suivants ont beaucoup moins d'importance pour notre pays : ce sont l'*Espagne*, le *Portugal*, la *Grèce*, la *Turquie*, la *Russie*, la *Suède* et la *Norwége*, le *Danemark*.

L'Espagne est bornée au N. par les Pyrénées et le golfe de Gascogne, à l'O. par l'Océan Atlantique et le Portugal, au S. par le détroit de Gibraltar, à l'E. par la Méditerranée. Elle est arrosée à l'E. par l'Èbre, à l'O. par le Guadalquivir, la Guadiana, le Tage, le Douro et le Miño ; ces quatre derniers ont leur embouchure en Portugal. La capitale de l'Espagne est *Madrid* ; ses principales villes, *Saragosse* au N., *Barcelone* et *Valence* à l'Est, *Grenade*, *Cadix*, *Séville* et *Cordoue* au Sud. De l'Espagne dépendent à l'Est les îles *Baléares* ; la ville de *Gibraltar*, au Sud, appartient à l'Angleterre. Population : 16,000,000 d'habitants catholiques.

Le Portugal est borné au N. et à l'E. par l'Espagne, à l'O. et au S. par l'Atlantique. Cap. *Lisbonne*, sur le Tage ; v. pr. *Porto* au N. Pop. : 4,000,000 d'habitants catholiques.

La Grèce est bornée au N. par la Turquie, à l'E. par l'Archipel, au S. par la Méditerranée, à l'O. par la mer Ionienne qui forme le golfe de Lépante. Cap. *Athènes*. Population : 1,300,000 habitants, pratiquant la religion grecque, secte du christianisme séparée des catholiques.

La Turquie ou l'Empire Ottoman est bornée au N. par l'Autriche, à l'O. par l'Adriatique, au S. par la Grèce, à l'E. par l'Archipel, le détroit de Constantinople ou des Dardanelles, la mer de Marmara, le détroit de Constantinople ou Bosphore, la mer Noire et la Russie. Cap. *Constantinople*, dans une admirable position sur le Bosphore, entre l'Europe et l'Asie, un des plus grands ports commerçants de l'Europe, 1,000,000 d'habitants ; vill. princ. *Andrinople*. Dans l'Empire Ottoman sont comprises deux principautés qui payent tribut au souverain ou sultan des Turcs, mais sont gouvernées par des princes particuliers ; c'est ce qu'on appelle des possessions indirectes ou des États vassaux. Ce sont : la *Servie*, cap. *Belgrade*, sur le Danube ; la *Roumanie* ou *Principautés-Unies* de Valachie et Moldavie, cap. *Bucharest*. La population totale de la Turquie d'Europe est de 15,000,000 d'habitants, dont 2,000,000 seulement de Turcs ou Ottomans, de religion musulmane, doctrine enseignée par Mahomet, d'où vient aussi le nom de mahométisme ; les autres habitants sont des chrétiens, pratiquant la religion grecque. L'Empire Ottoman comprend également la partie occidentale de l'Asie, et dans le nord de l'Afrique, l'Égypte, Tripoli et Tunis.

L'Empire de Russie est le plus vaste État de l'Europe, dont il comprend presque la moitié. Il est borné au N. par la mer Blanche et l'Océan Glacial, à l'E. par les monts Ourals, le fleuve Oural et la mer Caspienne qui le séparent de l'Asie ; au S., par le Caucase et la mer Noire ; à l'O. par la Turquie, l'Autriche, la Prusse, la Baltique et la Tornéa qui le séparent de la Suède et de la Norwége.

Il présente une immense plaine arrosée par de grands fleuves : au N., la *Duina* qui se jette dans la mer Blanche ; à l'O. la *Neva* qui apporte au golfe de Finlande les eaux des lacs *Peïpus*, la *Duna*, dans le golfe de Riga ou de Livonie, la *Vistule*, au S., dans la mer Noire, le *Dniester* et le *Dniéper* ; dans la mer d'Azow, le *Don* ; à l'E., dans la Caspienne, le *Volga*, le plus grand fleuve d'Europe, et l'*Oural*.

Cap. *Saint-Pétersbourg*, sur la Neva, 586,000 habitants ; vill. princ. au centre, *Moscou*, l'ancienne capitale, où les Français entrèrent en 1812 ; à l'O., *Varsovie*, cap. de l'ancienne Pologne ; au S., *Odessa*, grand port de commerce sur la mer Noire ; *Sébastopol*, place de guerre dans la Crimée, prise par les Français en 1855 ; à l'E., *Astrakhan*, sur la mer Caspienne. Population, 70,000,000 d'habitants, la plupart de la religion grecque ; il y a aussi des catholiques en Pologne, des protestants et des juifs dans les provinces de l'Ouest, enfin des musulmans à l'Est et au Sud. Le souverain porte le titre de Czar de Russie.

La Suède et la Norwége, séparées par les monts Dofrines, sont bornées au N. par l'Océan Glacial où s'avance le cap *Nord*, le point le plus septentrional de l'Europe ; à l'E., par la Tornéa, le golfe de Bothnie et le Skager-Rack, la mer du Nord et l'Océan Atlantique. Le sud de la Suède renferme un grand lac, le lac *Wenern*. Capit. de la Suède, *Stockholm* ; vill. *Gothenbourg* à l'O. Capit. de la Norwége, *Christiania* ; v. pr. *Bergen* et *Drontheim*. Ces deux pays, gouvernés par le même souverain, sont peuplés ensemble de 5,815,000 habitants, pratiquant le protestantisme luthérien.

Le Danemark est borné au N. par le Skager-Rack ; à l'E., par le Cattégat et le Sund ; au S., par la Baltique et le Sleswig, province prussienne aujourd'hui ; à l'O., par la mer du Nord. Il se compose d'une partie continentale, le *Jutland*, et de deux îles principales, *Seeland* et *Fionie*, séparées entre elles, ainsi que du la Suède et du Jutland, par trois détroits importants, le *Sund*, le grand *Belt* et le petit *Belt*. Capit. *Copenhague*, sur le Sund, dans l'île de Seeland. Du Danemark dépend la grande île d'*Islande*, au N.-O. de l'Europe. Popul. : 1,600,000 hab., pratiquant le protestantisme luthérien.

NOTIONS GÉNÉRALES SUR L'EUROPE.

Après avoir étudié chaque État européen en particulier, il devient plus facile de comprendre et de retenir les notions générales sur l'Europe, tous les noms qu'elles composent ayant déjà été appris antérieurement.

L'Europe, la plus petite des cinq parties du monde, est bornée au N. par l'Océan Glacial, qui forme la mer *Blanche* ; à l'O., par l'Océan Atlantique, qui forme la mer d'Irlande, la *Manche*, le *Pas-de-Calais*, la mer du Nord avec les 3 grandes îles d'Islande, d'Irlande et de Grande-Bretagne ; par les détroits de Skager-Rack, Cattégat et Sund, on pénètre dans la *Baltique* qui forme les golfes de Livonie ou de Riga, de Finlande et de Bothnie ; au S., l'Europe est bornée par le détroit de *Gibraltar* et la *Méditerranée*, qui la séparent de l'Afrique en renfermant les îles Baléares, Corse, Sardaigne, Sicile, Malte et Candie, et en formant les mers *Adriatique*, Ionienne, Archipel, mer de Marmara, mer Noire, mer d'Azow, ces quatre dernières réunies par les détroits des Dardanelles, de Constantinople et d'Iénikalé ; l'Europe est bornée encore au S., par le Caucase et à l'E., par la Caspienne, le fleuve Oural et les monts Ourals qui la séparent de l'Asie.

Elle est parcourue vers son centre, du S.-O., au N.-E., par une suite de montagnes dont les principales sont : les *Pyrénées* en Espagne, les *Cévennes* et le *Jura* en France, les *Alpes*, entre la Suisse, l'Italie et l'Allemagne, les *Carpathes* en Autriche. Elles la séparent en deux versants où coulent les fleuves : au N.-O., dans l'Atlantique, *Duina*, *Vistule*, *Oder*, *Elbe*, *Rhin*, *Seine*, *Loire*, *Garonne*, *Douro*, *Tage*, *Guadiana* et *Guadalquivir* ; au S.-E., dans la Méditerranée et la Caspienne : *Èbre*, *Rhône*, *Arno*, *Tibre*, *Pô*, *Adige*, *Danube*, *Dniester*, *Dniéper*, *Don*, *Volga* et *Oural*.

NOTICE SUR LA CARTE. 11. — ASIE.

Limites. L'Asie, la plus grande des cinq parties du monde, est située entre les quatre autres auxquelles elle est unie par des terres ou dont elle est séparée par des détroits de peu d'étendue. Elle est bornée au N. par l'Océan Glacial Arctique, formant la mer de Kara et le détroit de Behring qui la sépare de l'Amérique ; à l'E., par le Grand Océan, qui forme les mers de Behring, d'Okhotsk, entre lesquelles s'allonge la presqu'île de Kamtchatka ; la mer de Japon, dont l'île du Nord, Nangasaki, dans l'île Jaune, la mer Bleue et la mer de Chine qui forme elle-même les golfes de Tonkin et de Siam ; au S., l'Asie est bornée par le détroit de Malacca, qui sépare la presqu'île de Malacca de l'Océanie, et par l'Océan Indien ou mer des Indes, formant le grand golfe du Bengale et la mer d'Oman qui creuse lui-même le golfe Persique et la mer Rouge avec le détroit de Bab-el-Mandeb ; à l'O., l'Asie est bornée par l'isthme de Suez, qui la joint à l'Afrique, et ensuite vers l'Europe par la Méditerranée, l'Archipel, le détroit des Dardanelles, la mer de Marmara, le détroit de Constantinople, la mer Noire, le Caucase, la Caspienne, le fleuve Oural et les monts Ourals.

Montagnes, fleuves. L'Asie renferme vers son centre quatre grandes chaînes de montagnes, qui sont du N. au S., l'Altaï, le Tian-Chan ou Monts-Célestes ; le Kouen-Loun et l'Himalaya, qui contient le plus haut pic connu sur le globe, l'Everest, élevé de 8,840 mètres. De ces quatre grandes chaînes se détachent à l'E., au S. et à l'O., des chaînes secondaires qui partagent l'Asie en *quatre versants* arrosés par les fleuves suivants : au N., coulent dans l'Océan Glacial, l'Obi, l'Yenisséï, dont une des branches traverse le vaste lac Baïkal, et la Léna ; à l'E., dans le grand Océan, l'Amour, le Hoang-Ho ou fleuve Jaune, le Tseu-Kiang ou fleuve Bleu, le Meï-Kong ou Cambodge et le Meï-Nam ; au S., dans la mer des Indes, l'Iraouaddy, le Gange, l'Indus, le Tigre et l'Euphrate qui réunis s'appellent Chat-el-Arab ; à l'O., dans la Caspienne, l'Oural, et dans la petite mer d'Aral, isolée comme la Caspienne, le Syr-Deria et l'Amou-Deria.

Divisions ; villes, productions. L'Asie est divisée en 15 États principaux ou grandes possessions européennes, répartis comme il suit, entre les quatre versants :

1° Au Nord, la Sibérie ou Russie d'Asie, bornée au N. par l'Océan Glacial et le détroit de Behring ; à l'E., par les mers de Behring, d'Okhotsk et du Japon ; au S., où elle s'est beaucoup agrandie aux dépens de la Chine et du Turkestan, par une partie du cours de l'Amour et de l'Altaï, le Syr-Deria, la mer d'Aral et la mer de la Caspienne ; à l'O., par le fleuve Oural et les monts Ourals. Elle est aussi grande que l'Europe, mais très-froide et stérile au N. et peuplée à peine de 6,000,000 d'habitants ; elle appartient à la Russie ; cap. Tobolsk, à l'O. ; v. pr. Irkoutsk et Nikolaïewsk, port à l'embouchure de l'Amour, en face l'île Tarrakaï, qui dépend tout entière de la Sibérie. Ce grand pays produit au Sud, dans l'Altaï, des métaux précieux : or, argent, platine, des marbres, et au N., des fourrures.

2° A l'Est, l'Empire du Japon, tout formé d'îles dont la principale est Niphon, au centre ; cap. Yedo ; v. pr. ouvertes au commerce européen : Kanagawa, près d'Yedo ; Hakodadi, dans l'île du Nord ; Nangasaki, dans l'île du Sud. Popul. : environ 35,000,000 d'habitants, qui font commerce de porcelaines, laque, thé, soie.

L'Empire Chinois, le plus vaste après l'Empire russe et le plus peuplé du monde, près de 410,000,000 d'habitants : borné au N. par la Sibérie, à l'E. par les mers du Japon, Jaune, Bleue et de la Chine, avec les îles Formose et Haï-Nan ; au S., par l'Indo Chine et l'Indoustan ; à l'O., par le Turkestan. Cap. Pékin, au N., à laquelle Tien-Tsin sert de port, tous deux pris par les Français en 1858 et 1860 ; principaux ports ouverts aux Européens : Nanking et Chang-Haï sur le fleuve Bleu, Canton au Sud ; tout près les Portugais possèdent Macao et les Anglais l'île de Hong-Kong, centre d'un immense commerce consistant en thé, soie, porcelaines, coton.

3° Au Sud, l'Indo-Chine, nom géographique d'une vaste péninsule renfermant trois États ou divisions politiques : l'Annam ou Cochinchine, cap. Hué ; ce pays est arrosé par le Meï-Kong ou Cambodge, à l'embouchure duquel la France possède depuis 1862 la colonie de la Cochinchine, cap. Saigon ; le Siam, cap. Banghok ; le Birman, cap. actuelle, Mandalay ; ce pays est arrosé par l'Iraouaddy, dont les bouches appartiennent aux Anglais.

L'Hindoustan ou Inde, immense presqu'île peuplée de 185,000,000 d'habitants, et maintenant presque tout entière à l'Angleterre, avec l'île de Ceylan au Sud. Cap. Calcutta, aux bouches du Gange ; v. pr. Madras, sur le golfe du Bengale, et Bombay, sur la mer d'Oman. Productions : l'or, les diamants, l'opium, le coton, les châles de Cachemire. Les Français y possèdent cinq villes : Chandernagor, près de Calcutta ; Yanaon, Pondichéry, la cap., et Karikal à l'Est ; Mahé à l'O. — Les Portugais possèdent sur cette même côte Goa et Diu.

4° A l'O., le Béloutchistan, cap. Kélat ; l'Afghanistan, cap. Caboul ; l'Iléanat, cap. Hérat ; la Perse, cap. Téhéran, v. pr. Chiraz ; la Russie du Caucase, cap. Tiflis ; la Turquie d'Asie, partie de l'Empire Turc ou Ottoman ; v. pr. Smyrne à l'O., Damas et Jérusalem en Syrie, Bagdad sur le Tigre ; l'Arabie, v. p. Mascate à l'E., cap. d'un État important par son commerce ; Aden, à l'O., place très-forte aux Anglais, près de la mer Rouge, sur le chemin de l'Inde ; à l'O., les ports de Moka et de Djiddah, les deux villes de La Mecque et de Médine, célèbres par la naissance et les exploits de Mahomet, le fondateur de la religion musulmane ; son tombeau, à La Mecque, est l'objet d'un pèlerinage très-fréquenté ; au N. est le mont Sinaï, célèbre dans l'histoire des Hébreux et où Dieu donna des lois à Moïse. — La côte d'Arabie sur la mer Rouge est une dépendance de l'Empire Turc et produit des chevaux célèbres par leur vitesse et du café très-estimé.

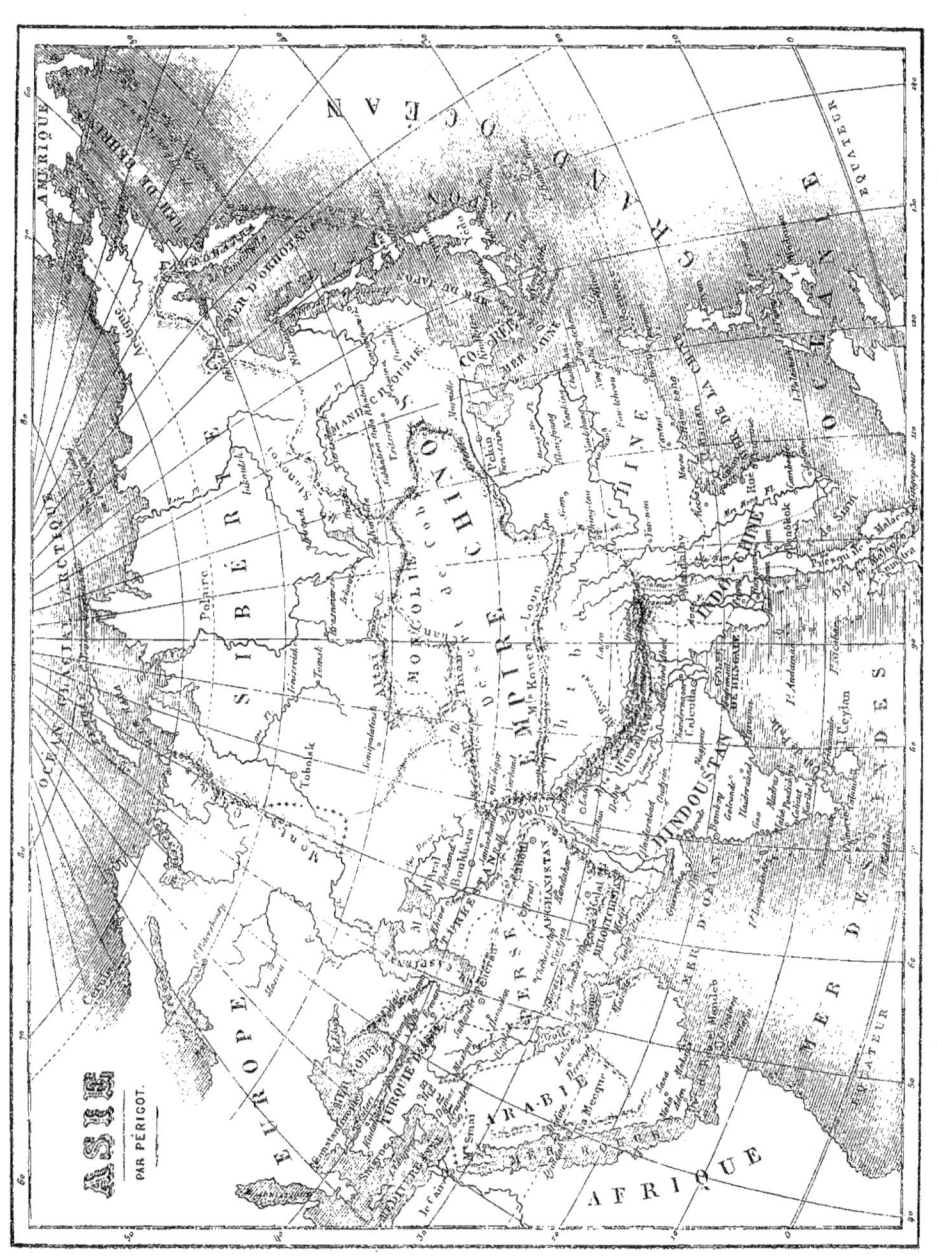

Notice sur la carte 12. — AFRIQUE.

Limites. L'Afrique est bornée au N. par le détroit de Gibraltar et la Méditerranée qui la sépare de l'Europe et où elle projette le cap Bon, en formant les golfes de Gabès et de Sidra; à l'O., par l'Océan Atlantique qui renferme les îles Açores, Madère, Canaries, du cap Vert, de Guinée, Fernando-Pô, dans le golfe de Guinée, l'Ascension et Sainte-Hélène; au S., l'Afrique se termine en pointe au cap de Bonne-Espérance et à celui des Aiguilles; à l'E., elle est bornée par l'Océan Indien ou mer des Indes, où se projette le cap Guardafui, et renferme les îles Madagascar, Mascareignes, Comores, Seychelles et Socotora; par le détroit de Bab-el-Mandeb, on entre dans la mer Rouge qui sépare l'Afrique de l'Asie, réunies au contraire au N. de cette mer par l'isthme de Suez. Un Français, M. de Lesseps, y a creusé un canal qui réunit la Méditerranée à la mer Rouge et permet de passer de l'Europe en Asie sans faire l'immense détour par le S. de l'Afrique.

Montagnes, fleuves, lacs. Les grandes chaînes de montagnes de l'Afrique s'étendent le long de ses côtes: ainsi l'Atlas au N., près de la Méditerranée; les monts de Kony à l'O., près de l'Océan Atlantique; les monts d'Abyssinie et les monts Lupata à l'E., près de la mer des Indes. Il résulte de cette disposition que les grands fleuves peuvent seuls franchir par des chutes ou cataractes les ouvertures de ces montagnes et parvenir à la mer; les autres se rendent vers le centre dans des lacs sans écoulement: ainsi au N., le Charry tombe dans le lac Tchad; au centre, les lacs Tanganyika et Nyassa; au S., le lac N'gami. Les fleuves qui parviennent à la mer se divisent entre trois versants: 1° au N., dans la Méditerranée, le Nil, formé de deux grands bras, le Nil Bleu venu du lac Dembéa, et le Nil Blanc, le plus considérable, traversant tour à tour les deux lacs Ukéréwé ou Victoria et Albert, découverts par les Anglais Grant et Baker; les deux fleuves, réunis à Khartoum, se jettent à la mer par deux branches principales, de Damiette à l'Est et de Rosette à l'Ouest; 2° à l'O., le Niger, exploré par l'Anglais Mungo-Park, le Français Caillié et l'Allemand Barth, se jette dans le golfe de Guinée, après avoir reçu la Bénoué qui ouvre un chemin vers l'Afrique centrale; plus au S., le Zaïre ou Congo et l'Orange; 3° à l'E., dans la mer des Indes, le Zambèze sortant du petit lac Dilolo et se jetant dans le canal de Mozambique: il a été exploré par l'Anglais Livingstone.

Divisions; villes, productions. L'Afrique est divisée en un grand nombre d'États indépendants et de possessions européennes, répartis en cinq grandes divisions géographiques:

1° Au Nord-Est, dans le Bassin du Nil, l'Égypte, gouvernée par un vice-roi qui paye tribut au sultan des Turcs; cap. Le Caire, sur le Nil; v. pr. Alexandrie, par où se fait avec l'Europe un immense commerce de coton, de blé et d'ivoire venus de l'intérieur; Damiette et Rosette, aux bouches du même Nil; Suez, au fond de la mer Rouge, sur le golfe et l'isthme du même nom, l'une des têtes du canal dont l'autre est à Port-Saïd, dans la Méditerranée. — De la vice-royauté d'Égypte dépend la Nubie, v. pr. Khartoum, que sa position au confluent des deux Nils rend le centre d'un grand commerce, surtout d'ivoire.

L'Abyssinie, État indépendant, cap. Gondar.

2° Au Nord, la Côte de Barbarie ou mieux de Berbérie, du nom des Berbères, ses anciens habitants, partagée aujourd'hui entre 4 États: Tripoli, province de l'Empire turc, cap. Tripoli; v. pr. Mourzouk, au Sud, sur le chemin de l'Afrique centrale; Tunis, tributaire du sultan des Turcs, comme l'Égypte; cap. Tunis; l'Algérie, à la France (voir pour toutes les possessions françaises, la carte et la notice suivantes); le Maroc, État indépendant, cap. Maroc; v. pr. Tanger et Mogador, ports de commerce.

Au Sud de l'Atlas s'étend le Sahara ou Grand-Désert, sablonneux à l'Ouest, rocheux à l'Est, mais parcouru au centre par des montagnes assez élevées d'où descendent des cours d'eau qui arrosent des oasis ou vallées fertiles. Il est parcouru par des peuples nomades ou errants, appelés Maures à l'O., Tibbous à l'E., et Touaregs au centre, les plus importants; ils escortent les caravanes qui, par les oasis de Ghadamès, Insalah et Ghât, se rendent dans l'Afrique centrale pour faire le commerce d'ivoire, de plumes d'autruche, de poudre d'or et de sel.

3° À l'O., les îles Açores, Madère et du cap Vert, aux Portugais; Canaries et Fernando-Pô, aux Espagnols; l'Ascension et Sainte-Hélène, aux Anglais, sur la route des Indes; sur le continent, la Nigritie ou Soudan, c'est-à-dire le pays des nègres; v. pr. Tombouctou, près du Niger, et Kouka, grands centres de commerce; la Sénégambie, appelée ainsi des deux fleuves qui l'arrosent: le Sénégal, aux Français, cap. Saint-Louis; la Gambie, aux Anglais, v. pr. Bathurst; la Guinée, renfermant Sierra-Leone, aux Anglais, ch.-l. Freetown; la République de Libéria, fondée par des nègres, ch.-l. Monrovia; Gabon, aux Français. C'est sur cette côte que se faisait autrefois la traite des nègres ou vente des esclaves.

4° Au Sud-Ouest, le Congo, aux Portugais, ch.-l. Saint-Paul de Loanda; la Colonie du Cap, aux Anglais, habitée par le peuple des Hottentots, entre l'Orange et le cap de Bonne-Espérance; très-importante par sa position entre l'Europe et l'Asie, sur la route des Indes, et par ses productions de laine, vin et son commerce d'ivoire; cap. Le Cap, place forte.

5° Au Sud-Est, la Cafrerie, où les Anglais possèdent Port-Natal, commerce de laines et d'ivoire; le Mozambique, aux Portugais, cap. Mozambique, le Zanguebar, cap. Zanzibar, commerce de coton et d'ivoire avec l'Arabie et l'Inde; la grande île de Madagascar, État indépendant, cap. Tananarive; auprès, les Sainte-Marie et Bourbon ou la Réunion, à la France; Maurice avec ses dépendances, Rodrigue et les Seychelles, aux Anglais; production de café et de sucre, et stations intermédiaires entre le cap de Bonne-Espérance et les Indes.

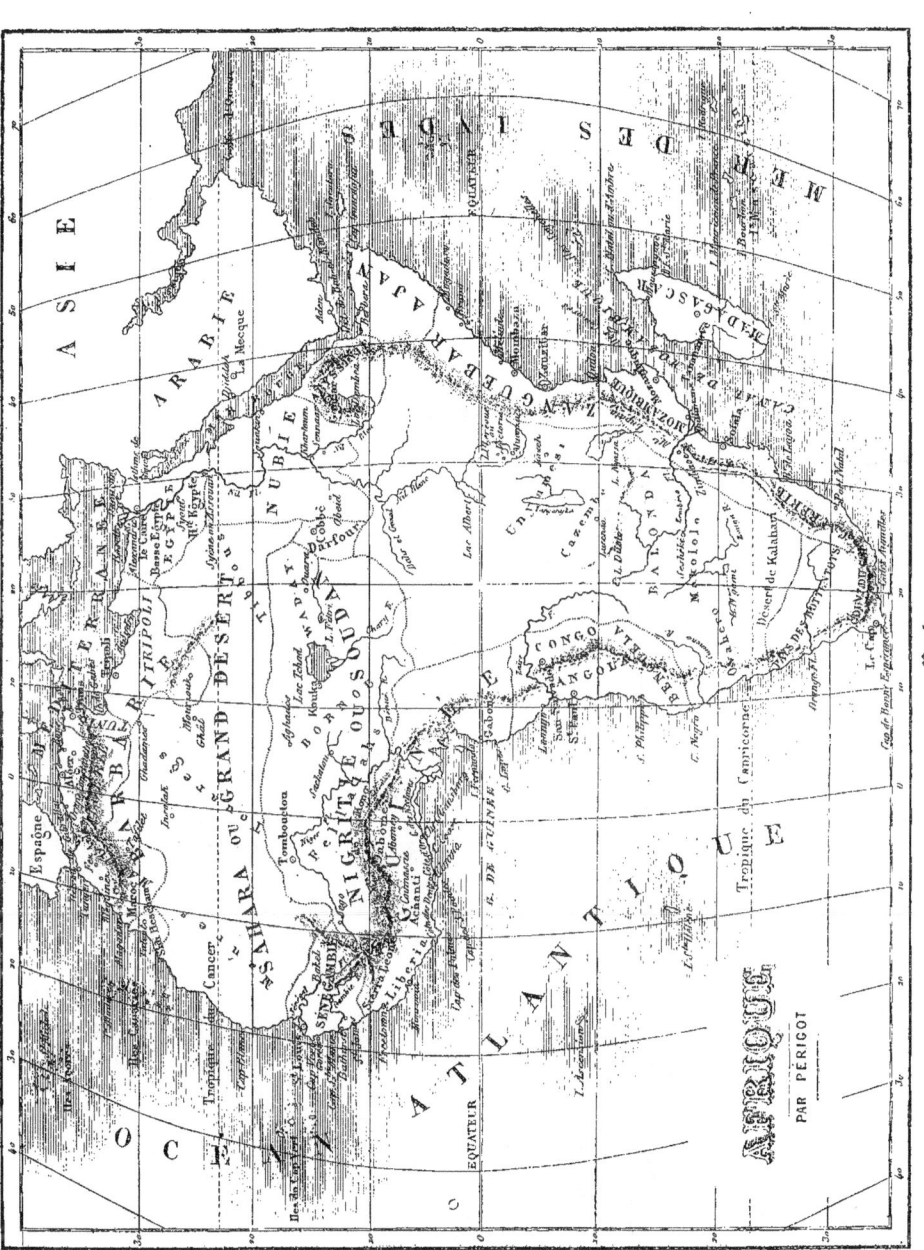

NOTICE SUR LES CARTES 13 ET 14. — ALGÉRIE ET COLONIES FRANÇAISES.

La France possède des colonies en Afrique, en Amérique, en Asie et en Océanie.

EN AFRIQUE. L'Algérie, conquise par les Français en 1830, a pour bornes : au N., la *Méditerranée* ; à l'E., la régence de *Tunis* ; au S., le Sahara ou *Grand-Désert*, et à l'O., l'empire de *Maroc*. — *Superficie* : 39,000,000 d'hectares. — *Population* : 3,064,980 habitants en 1866, dont 112,229 Français, 80,317 autres Européens, 2,703,334 Musulmans (Arabes et Kabyles), et 76,000 hommes de troupes.

Cours d'eau. A partir de l'E., les fleuves suivants, qui se jettent tous dans la Méditerranée : la *Seybouse*, qui arrose Guelma et Bône ; l'*Oued-el-Kebir*, grossi du *Rummel*, qui arrose Constantine ; le *Chéliff*, qui se jette dans la mer près de Mostaganem ; le *Sig*, la *Tafna*, grossie de l'*Isly*, etc.

Caps. De l'E., à l'O., les caps *Rosa*, de *Fer*, *Carbon oriental*, *Tenez*, *Ivi*, *Carbon occidental*, *Falcon*.

Golfes. Les golfes de *Bône*, *Stora*, *Bougie*, le plus vaste et le plus sûr de l'Algérie, *Alger*, *Arzeu*, *Oran*, etc.

Lacs. Les lacs *Sebkha-el-Hodna*, *Sebkha-Zahrez*, le lac *Zahrez*, etc.

Montagnes. Au N., le *Petit Atlas*, qui longe la Méditerranée, et dont un chaînon est le *Djurjura*, au S.-E. d'Alger ; le *Grand Atlas*, au S. de Constantine, et les hauts plateaux du *Moyen Atlas*, au S.-O. d'Alger et d'Oran.

Chemin de fer. Un chemin de fer, en cours d'exécution (1867), s'étend d'Alger à Oran, en passant par Blidah, Milianah, Orléansville, etc., avec un parcours de 363 kilomètres.

Productions du sol. Mines de fer, plomb, cuivre. Carrières diverses. Sources d'eaux thermales. Vastes forêts (1,800,000 hectares), fournissant bois de constructions navales et autres : dattier, cotonnier, canne à sucre, tabac, mûrier, etc. ; tous les arbres et les plantes potagères du midi de l'Europe ; vigne ; belles céréales, riz, etc. Fertilité prodigieuse du sol. Vastes prairies, immenses pâturages, etc. Chevaux dits *chevaux arabes*, mulets, ânes, bœufs, vaches, etc., chameaux, dromadaires, etc. Lion, panthère, hyène, chacal, etc.

Alger est la capitale de tout le territoire algérien.

L'Algérie se divise en trois *provinces*, formant chacune une *division militaire*. L'autorité supérieure, militaire et civile y est exercée par un Gouverneur général. Des parties de chaque province composent le territoire civil et forment le *département*, avec *préfectures*, *sous-préfectures*, *commissariats civils* et *communes*.

1° La province d'Alger, qui renferme le département d'Alger, comprend 4 arrondissements : *Alger*, *Blidah*, *Médéah*, *Milianah*.

Alger, ch.-l. de province, de départ. et d'arrond., à 1,553 kilom. de Paris. — 64,000 habit., dont 34,000 Européens, 20,000 Musulmans et 10,000 Juifs. Industrie et comm. en pleine activité ; grande exportation de divers produits.

2° La province de Constantine, avec le départ. de ce nom, comprend 5 arrond. : *Constantine*, *Guelma*, *Bône*, *Philippeville* et *Sétif*.

Constantine, ch.-l. de province, de départ. et d'arrond., à 280 kilom. d'Alger. — 46,000 habit., dont 16,000 Européens et 30,000 indigènes.

3° La province d'Oran, avec le départ. de ce nom, comprend 4 arrond. : *Oran*, *Mostaganem*, *Mascara* et *Tlemcen*.

Oran, ch.-l. de province, de départ. et d'arrond., à 365 kilom. d'Alger. — 24,900 habit., dont 17,000 Européens et 7,900 indigènes.

Dans l'Abyssinie, à l'E. de l'Afrique et à l'entrée de la mer Rouge, la France possède le port d'*Obok* ; et dans la mer Rouge, les îles *Dahlac*.

A l'O. de l'Afriq., le *Gouvernement du Sénégal*, arrosé par le fleuve de ce nom, et l'île de *Gorée*, au S.-O., près du cap. Vert. La ch.-l. du Sénégal est *Saint-Louis*, siège du gouverneur et de l'administration. *Populat*. : 116,000 âmes. *Product*. : gomme, sésame et autres plantes oléagineuses, coton, riz, etc.

L'île Mayotte et l'île Nossi-Bé, au N.-O. de Madagascar. *Productions* : canne à sucre, café, coton, oranges, ananas, riz, maïs, etc.

L'île Sainte-Marie, au N.-E. de Madagascar.

L'île de la Réunion ou de *Bourbon*, à 560 kilom. E. de Madagascar. Capitale : *Saint-Denis*. Il y a 2 arrondissements : *Saint-Denis* (36,000 habit.), et *Saint-Pierre* (28,000 habit). *Productions* : canne à sucre, café, cacao, tabac, vanille, manioc, céréales, etc. Fabriques importantes de sucre.

EN AMÉRIQUE. 1° Plusieurs Petites Antilles qui forment deux gouvernements : 1° celui de la Martinique, vill. princip. *Fort-de-France* et *Saint-Pierre*, comptant 135,991 habit. ; 2° celui de la Guadeloupe, vill. princip. la *Basse-Terre* et la *Pointe-à-Pitre*. Il a sous sa dépendance : *Saint-Martin*, la *Désirade*, les *Saintes* et *Marie-Galante*.

2° Guyane française, au N. de l'Amérique du Sud, lieu de déportation. *Superficie* : 1,308,739 hect. *Popul*. : 24,951 habit., non compris les transportés. Chef-lieu : Cayenne. *Productions* : canne à sucre, café, cacao, vanille, coco, tabac, poivre, muscade, banane, etc. Vastes forêts, mines d'or, etc.

3° Les îles Miquelon et Saint-Pierre, au S. de Terre-Neuve, dans l'Amérique du Nord. Il y arrive de France, chaque année, 3,500 marins, dont la principale industrie est la pêche de la morue.

EN ASIE. 1° Pondichéry, capitale, *Chandernagor*; *Yanaon*, *Karikal*, sur la côte E., et *Mahé*, sur la côte O. de l'Indoustan. *Popul. totale* : 229,057 habit. *Productions* : riz, tabac, indigo, coton, canne à sucre, cocotiers, etc.

2° La Cochinchine, au S. de l'Indo-Chine, à la France depuis 1862. *Superf*. : 2,238,000 hect. Capitale : Saïgon. Forêts, coton, canne à sucre, etc.

EN OCÉANIE. Les îles Nouka-Hiva ou *Marquises* dans le Grand Océan. Les îles de Taïti ou de la *Société* et les îles Gambier sont sous le protectorat de la France depuis 1847 ; ch.-l. Papeete. Toutes ces îles ont 28,897 habit., dont 800 Européens. Canne à sucre, orangers, café, coton, essences, etc.

2° La *Nouvelle-Calédonie* et dépendances, îles du Grand Océan, à l'E. de l'Australie, à la France depuis 1853 ; ch.-l. Nouméa. Canne à sucre, café, coton, tabac, noix de coco, céréales ; riches forêts.

L'Algérie est une terre française, assimilée aujourd'hui au reste de la France. Sous le rapport judiciaire, elle forme le ressort d'une cour impériale, dont le siège est à Alger. Sous le rapport ecclésiastique, l'Algérie forme trois diocèses : l'archevêché d'Alger et les deux évêchés d'Oran et de Constantine. Sous le rapport universitaire, elle forme une Académie, dont le chef-lieu est à Alger.

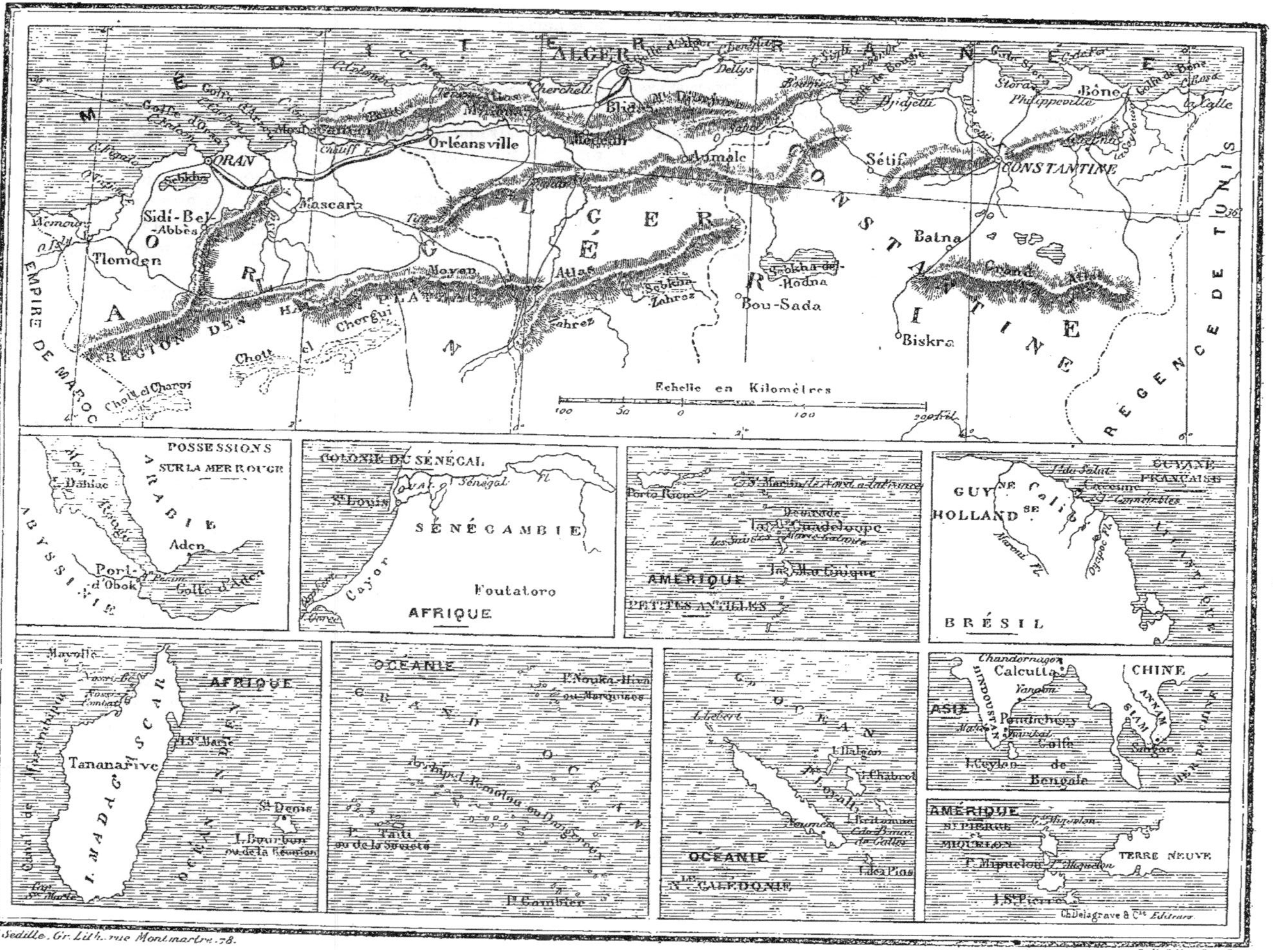

J. Sedille. Gr. Lith. rue Montmartre. 78.

Relief Marchandeau

NOTICE SUR LES CARTES 15 ET 16. — AMÉRIQUE DU NORD; AMÉRIQUE DU SUD.

L'Amérique se compose de deux immenses terres réunies par l'isthme de Panama, l'Amérique du Nord et l'Amérique du Sud.

AMÉRIQUE DU NORD.

Limites. — L'Amérique du Nord est bornée au N. par l'Océan Glacial qui forme la *mer Polaire* et la *baie d'Hudson*, le *golfe Saint-Laurent*, l'Océan Atlantique qui forme la *baie de Baffin*; à l'E., par l'Océan Atlantique qui forme la *mer des Antilles*; au S., par l'isthme de Panama; à l'O., par le Grand Océan qui forme le *golfe de Californie*, la *mer de Behring* et le *détroit de Behring* qui la séparent de l'Asie.

Montagnes, fleuves, lacs. — L'Amérique est traversée du N. au S. par une longue chaîne, les *monts Rocheux*, assez rapprochés du Grand Océan. Cette chaîne et ses ramifications partagent l'Amérique en quatre *versans* où courent les fleuves: au N., dans l'Océan Glacial, tombe le *Mackensie*, et dans la baie d'Hudson, le *Nelson*, qui traverse le lac *Winnipeg*; à l'E., le *Saint-Laurent*, qui traverse les cinq grands lacs, *Supérieur*, *Michigan*, *Huron*, *Érié* et *Ontario*; au S., dans le golfe du Mexique, coulent le Mississipi, grossi à droite du *Missouri*, à gauche de l'*Ohio*, et le *Rio Bravo*; à l'O., dans le Grand Océan, l'*Orégon* et le *Rio Colorado*.

Divisions; villes, productions. — L'Amérique du Nord est partagée en possessions européennes et en États indépendants, répartis en trois grandes divisions:

Au N., le Groenland, aux Danois; la Nouvelle-Bretagne ou Amérique anglaise, dont le Nord, entièrement stérile et presque toujours glacé, porte le nom de *Terres Arctiques*; ce sont des îles séparées par une suite de détroits qu'on appelle le Passage Nord-Ouest, parce que l'on peut passer par là de l'Europe en Asie par le Nord-Ouest de l'Amérique; le Sud, plus fertile, s'appelle *Labrador*, *Canada* dans le bassin du golfe Saint-Laurent, capit. *Québec*; auprès est l'île de *Terre-Neuve*, où l'on pêche beaucoup de morues. — Au N.-O., le *Territoire d'Alaska*, ancienne Amérique russe, appartenant depuis 1867 aux États-Unis.

Au centre, les États-Unis, s'étendant d'un océan à l'autre, forment une République fédérative composée de 37 États, comme les cantons suisses en Europe. Capit. *Washington*, à l'Est; v. pr. *Boston*, *New-York*, 1,001,000 d'habitants, la plus grande ville de toute l'Amérique et centre principal des relations commerciales avec l'Europe, surtout avec Liverpool en Angleterre, le Havre en France, et Hambourg en Allemagne; *Baltimore*, exportation du tabac de Virginie et de Maryland; la *Nouvelle-Orléans*, aux bouches du Mississipi, grand commerce de coton; à l'O., *San-Francisco*, dans l'État de Californie, riches mines d'or.

Au S., le Mexique, cap. *Mexico*; v. pr. *La Vera Cruz*, port de commerce avec l'Europe, exportation d'or et d'argent; l'Amérique centrale, divisée en cinq Républiques, dont la principale est le Guatemala, cap. *Guatemala*.

L'archipel des Antilles, comprenant: 1° quatre grandes Antilles, Cuba, à l'Espagne, cap. *La Havane*, grand commerce de tabac, sucre et coton; Porto-Rico, à l'Espagne; la Jamaïque, aux Anglais, commerce de rhum; Haïti ou Saint-Domingue, île indépendante, divisée en deux républiques: celle d'*Haïti* à l'O., cap. *Port-au-Prince*; celle de *Saint-Domingue* à l'E., cap. *Saint-Domingue*; commerce de café; 2° les petites Antilles, partagées entre les Anglais, les Français, les Hollandais, etc.

AMÉRIQUE DU SUD.

Limites. — L'Amérique du Sud est bornée au N. par la mer des Antilles, à l'E., par l'Océan Atlantique, à l'O. par le Grand Océan; au S. elle se termine par une île, la *Terre de Feu*, séparée au N. par le détroit de Magellan et terminée au S. par le cap Horn.

Montagnes, fleuves. — Elle est parcourue à l'O. par la longue chaîne des *Cordillères des Andes*, prolongement des monts Rocheux de l'Amérique du Nord. Elles envoient à l'E., vers l'Atlantique trois grands fleuves: l'*Orénoque* au N.; le *Maranon* ou *Amazones*, le plus grand fleuve du monde, au centre; le *Rio de la Plata* au Sud, formé du *Parana* grossi du *Paraguay* et de l'*Uruguay*.

Divisions; villes, productions. — L'Amérique du Sud est presque tout entière composée d'États indépendants: 3 au N.: le Vénézuela, cap. *Caracas*; la Nouvelle-Grenade, cap. *Santa-Fé de Bogota*, v. pr. *Panama*, sur le Grand Océan, tête d'un chemin de fer qui traverse l'isthme jusqu'à Aspinwall ou *Colon* sur la mer des Antilles; l'Équateur, cap. *Quito*; — 3 à l'O.: le Pérou, cap. *Lima*; le Haut-Pérou ou Bolivie, cap. *La Plata*; le Chili, cap. *Santiago*; — 4 à l'E.: la République Argentine ou Provinces-Unies de La Plata, cap. *Buenos-Ayres*; l'Uruguay, cap. *Montévidéo*; le Paraguay, cap. *Assomption*; l'empire du Brésil, cap. *Rio de Janeiro*, v. pr. *Bahia* et *Pernambouc*, grands ports de commerce avec l'Europe. — Les colonies européennes sont les trois Guyanes: *Française*, cap. *Cayenne*; *Hollandaise*, cap. *Paramaribo*; *Anglaise*, cap. *Georgetown*. Tous ces pays produisent l'or, les diamants, le sucre, le café, le coton, les bois de construction, etc. — Le Sud est un pays stérile, la *Patagonie*.

NOTIONS GÉNÉRALES. — L'Amérique, par son étendue et sa position, doit offrir tous les climats des autres parties du monde. Mais elle est généralement plus froide. Cette différence vient, sans doute, du peu de largeur du continent et de son prolongement vers les pôles, de la hauteur et de la direction de ses montagnes, et de l'immense quantité d'eau qu'elles envoient à la mer. Il en résulte que sous l'équateur même, la température est à peu près analogue à celle des régions tempérées de notre continent. Les contrées situées entre les deux tropiques sont sujettes à des ouragans terribles et à des tremblements de terre.

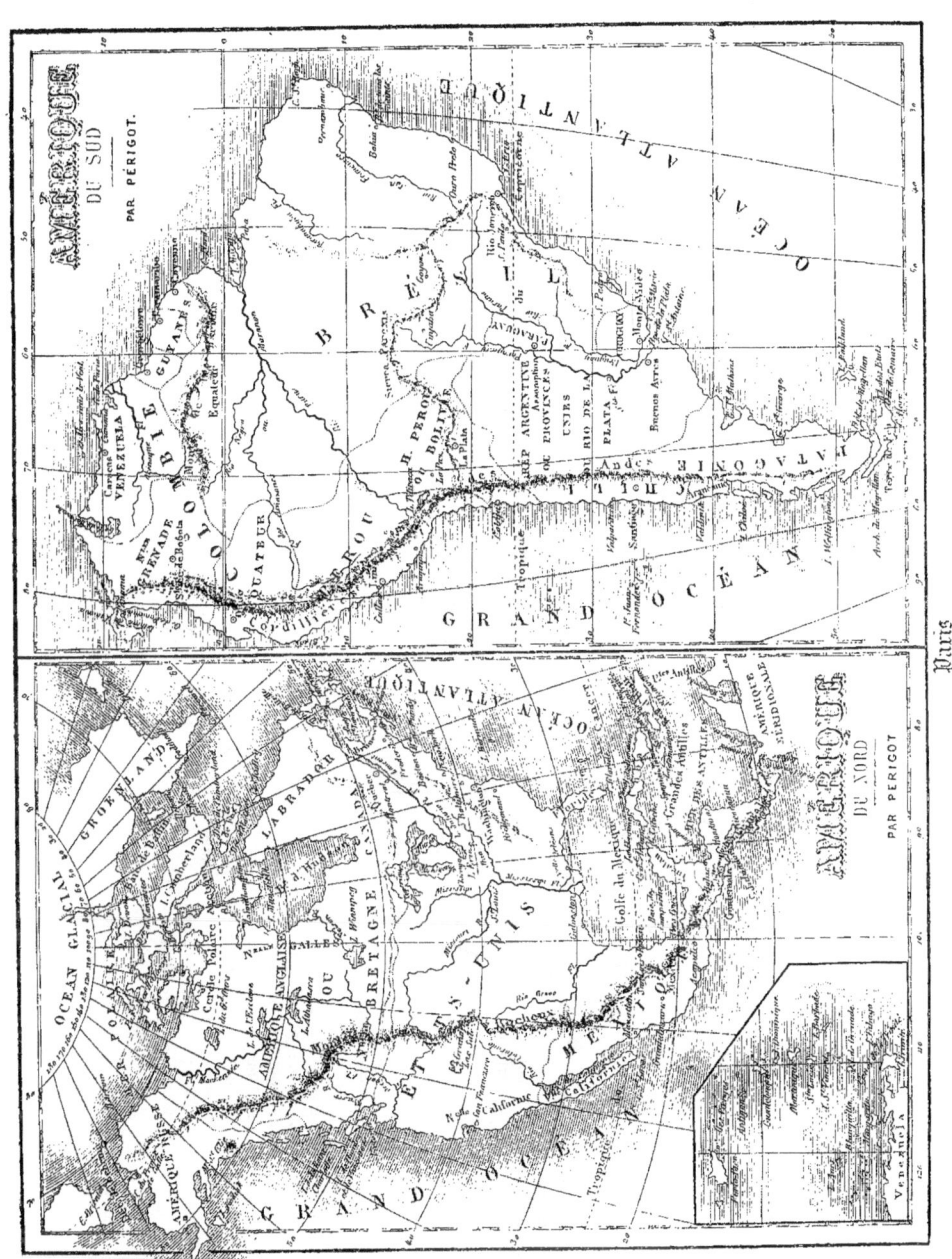

Notice sur les cartes 17 et 18. — OCÉANIE et TERRES ANTARCTIQUES.

Limites. — L'Océanie est ainsi appelée parce qu'elle est tout entière formée d'îles disséminées dans le *Grand Océan*; elle est située entre les deux *Amériques* à l'E., l'*Asie* au N.-O., l'*Océan Indien* à l'O., et l'*Océan antarctique* au Sud.

Divisions, villes, productions. — L'Océanie a été divisée, d'après la disposition de ses îles ou les habitants qui les occupent, en quatre grandes parties formées d'archipels ou réunions d'îles : 1° la Malaisie, habitée par les Malais, au N.-O.; 2° la Mélanésie, ou réunions de petites îles habitées par des noirs, au S.; 3° la Micronésie, ou réunions de petites îles, au N.; 4° la Polynésie, ou ensemble d'îles nombreuses, à l'Est.

La plupart des archipels de l'Océanie sont au pouvoir des puissances européennes, principalement des Anglais, des Hollandais, des Espagnols et des Français.

1° La Malaisie est séparée de l'Asie par la mer de la *Chine* et le détroit de *Malacca*. Elle renferme les archipels suivants : les Philippines, à l'Espagne; la plus importante est *Luçon*; v. pr. *Manille*, grand commerce de tabac, sucre et café; l'archipel des Moluques, aux Hollandais, produit des épices, poivre, cannelle, muscade, girofle, etc.; les îles de la Sonde, également aux Hollandais et dont les deux plus grandes sont *Java* et *Sumatra*, riches en mines d'or, d'argent, de fer, de cuivre, d'étain, et produisant le coton, le café et le sucre; v. pr. *Batavia*, dans l'île de Java; les deux grandes îles de *Bornéo* et de *Célèbes* appartiennent ainsi aux Hollandais.

2° La Mélanésie renferme une île immense, presque aussi grande que l'Europe, l'Australie ou Nouvelle-Hollande, bornée au N. par le détroit de *Torrès*, au S. par celui de *Bass*; elle appartient tout entière aux Anglais et forme, après l'Inde, leur plus belle colonie; l'intérieur en est encore peu connu; v. p. *Sidney*, dans la province de la Nouvelle-Galles du Sud, grand commerce de laines; *Melbourne*, dans la province de Victoria, où l'on exploite des mines d'or aussi riches que celles de la Californie en Amérique. Les Anglais possèdent aussi l'île de *Tasmanie* au S. et celle de *Norfolk* à l'E., où ils déportent les condamnés. Les Français possèdent aussi dans la Mélanésie la *Nouvelle-Calédonie*, où l'on trouve des mines de houille; ch.-l. *Nouméa*, lieu de déportation.

3° La Micronésie renferme beaucoup d'archipels formés de petites îles; le principal est celui des *Mariannes*, aux Espagnols.

4° Dans la Polynésie, on trouve au N. l'archipel des *Hawaï* ou *Sand-wich*, important par sa position intermédiaire entre l'Amérique et l'Asie; au centre, trois archipels appartenant à la France, les îles *Marquises* ou *Nouka-Hiva*, *Taïti* ou *de la Société*, *Gambier* ou *Mangareva*; au Sud, la Nouvelle-Zélande, formée de deux grandes îles séparées par le détroit de *Cook*, ainsi appelé du célèbre navigateur anglais qui le découvrit; elle appartient aux Anglais, et est remarquable par ses mines d'or et sa position entre l'Australie et l'Amérique du Sud : cap. *Auckland*.

TERRES ANTARCTIQUES. — Au sud de l'Océanie s'étendent des terres glacées, explorées par le Français Dumont-d'Urville et l'Anglais James Ross; on les appelle *Terres antarctiques*, parce qu'elles sont situées entre l'Océan Antarctique et le pôle sud. La principale est la *Terre Victoria*, terminée au sud par deux montagnes, *Erebus* et *Terror*, hautes de plus de 3,000 mètres, formées à leur base d'immenses glaciers et terminées à leur sommet par des volcans en activité.

POPULATION DES PRINCIPALES VILLES DU MONDE :

(Les chiffres placés après chaque nom de ville indiquent le nombre de mille âmes)

1re série. — Villes de 4 millions à 600 mille âmes.

Pékin........	4,000	Constantinople.	2,000	Kio........ 600
Londres......	3,000	Paris.........	1,800	Berlin..... 640 633
Yeddo........	2,000	New-York.....	1,000	Calcutta... 600

2e série. — Villes de 600 mille à 400 mille âmes.

Alexandrie...	400	Kachgar......	500	Philadelphie... 560
Kou-Tcheou...	500	Liverpool.....	476	Naples....... 419 St-Pétersbourg. 586
Glasgow......	423	Madras.......	460	Vienne........ 550

3e série. — Villes de 400 mille à 300 mille âmes.

Caire (le)....	300	Lucknow......	360 Moscou....... 330
Dublin.......	317	Lyon.........	324 Marseille..... 300

4e série. — Villes de 300 mille à 200 mille âmes.

Amsterdam...	261	Bombay.......	200	Madrid....... 260 Milan....... 200
Baltimore.....	212	Lisbonne......	190	Mexico....... 200 Rome........ 210

5e série. — Villes de 200 mille à 100 mille âmes.

Andrinople...	100	Copenhague...	130	Hérat....... 100 Rouen....... 100
Anvers.......	105	Cork.........	110	Hué......... 130 Saïgon...... 183
Bagdad.......	100	Dantzig.......	140	Khokand.... 100 San-Francisco. 103
Bakou.......	100	Delhy........	150	Lille........ 154 Smyrne...... 130
Barcelone....	130	Dresde.......	180	Manille..... 104 Solo......... 110
Bordeaux.....	194	Edimbourg....	174	Munich..... 140 Téhéran..... 139
Boston.......	177	Err-Roum.....	100	Nantes...... 125 Toulouse.... 111
Boukhara.....	100	Florence......	110	Newcastle... 127 Tunis....... 100
Breslau.......	119	Gand.........	110	New-Orleans. 100 Turin....... 168
Bruxelles.....	185	Gênes........	130	Palerme..... 130 Varsovie..... 175
Candahar....	100	Hambourg....	190	Prague...... 130 Venise...... 125
Cologne......	100	Havane (la)..	137	Rio-Janeiro... 150

CARTE GÉNÉRALE DE L'OCÉANIE

Dressé par Ch. PÉRIGOT

Possessions Anglaises · Possessions Portugaises
Espagnoles · des États Unis
Françaises · Hollandaises

Notice sur la carte 19. — MAPPEMONDE et NOTIONS SUR LA SPHÈRE.

On appelle MAPPEMONDE la carte qui représente, divisé ou deux *hémisphères* ou moitiés de sphère, l'ensemble du monde, composé de cinq parties : l'EUROPE, l'ASIE, l'AFRIQUE, l'AMÉRIQUE et l'OCÉANIE. Les trois premières forment un *Continent*, c'est-à-dire qu'elles se tiennent ensemble, l'Asie et l'Europe par la longue chaîne de l'Oural, l'Asie et l'Afrique par l'isthme étroit de Suez ; on les appelle *Ancien Continent*, parce que les peuples anciens, Grecs et Romains, connaissaient des parties plus ou moins considérables de chacune d'elles. On nomme au contraire l'Amérique *Nouveau Monde* ou *Nouveau Continent*, parce qu'elle n'a été découverte qu'assez nouvellement par rapport à l'ancien, seulement en 1492 par CHRISTOPHE COLOMB, né à Gênes en Italie. L'Océanie, qui forme la cinquième partie du monde, n'est pas un continent, mais seulement un monde insulaire, c'est-à-dire composé d'une multitude d'îles distinctes.

Ces cinq parties du monde sont baignées de tous les côtés par les eaux de la mer, que l'on divise en cinq grandes masses appelées *Océans* ; ce sont : l'*Océan Glacial arctique*, au N. de l'Europe, de l'Asie et de l'Amérique du Nord ; l'*Océan Atlantique*, entre les Amériques à l'O., l'Europe et l'Afrique à l'Est ; l'*Océan Indien*, entre l'Afrique à l'O., l'Asie au N. et l'Océanie à l'Est ; l'*Océan Glacial antarctique*, au Sud de l'Amérique et de l'Océanie ; le *grand Océan Pacifique*, entre l'Océanie et l'Asie à l'O., et les deux Amériques à l'Est.

Des trois grandes divisions de la *géographie*. — La connaissance des terres, des océans et des parties secondaires des continents et des eaux, comme les presqu'îles, îles, montagnes, caps, mers, golfes, fleuves, lacs (etc.), forme une première partie de la géographie, qu'on appelle GÉOGRAPHIE PHYSIQUE, parce qu'elle étudie les objets *physiques* ou *naturels*, qui ne sont sujets à aucun changement provenant de la volonté des hommes. — On nomme au contraire GÉOGRAPHIE POLITIQUE, seconde partie de la géographie, la connaissance des états ou divisions *politiques* que les hommes ont établies sur le monde et qui varient par suite des guerres et des traités entre les peuples. — Ces deux parties se complètent par une troisième, la GÉOGRAPHIE MATHÉMATIQUE, ainsi appelée parce qu'elle détermine, à l'aide du calcul et des mesures, la forme et les dimensions de la terre, ainsi que la position des divers lieux dont s'occupent les deux autres parties. On l'appelle aussi NOTIONS SUR LA SPHÈRE, parce qu'on l'étudie plus facilement sur une *sphère* ou *globe* qui seul peut représenter exactement la forme de la terre, tandis que la surface plate des cartes n'en offre qu'une image moins fidèle.

La terre tourne autour du soleil en 365 jours ou une année, tandis qu'elle tourne sur elle-même dans l'espace d'un jour ou de 24 heures, comme une toupie qui tourne sur son clou, en même temps qu'elle décrit un cercle sur le sol. On appelle *Axe de la terre* la ligne imaginaire sur laquelle elle tourne, comme serait le clou de la toupie ; et *pôle Nord* et *pôle Sud* les deux extrémités de cette ligne.

Pour déterminer la position des divers endroits sur la terre, on a imaginé plusieurs *points* et plusieurs *lignes*. On distingue *quatre points principaux*, dits POINTS CARDINAUX : le NORD au haut de la carte ; le SUD ou *Midi* en bas ; l'EST, l'*Orient* ou *Levant* à droite ; l'OUEST, *Occident* ou *Couchant* à gauche. — Les lignes sont d'abord deux *grands cercles*, l'ÉQUATEUR et le MÉRIDIEN. L'Équateur, tracé à égale distance *des deux pôles*, partage la terre en deux parties égales, dites *Hémisphère septentrional* au N, et *Hémisphère méridional* au Sud. Dans le même sens que l'Équateur, sont tracés quatre cercles plus petits, le *Tropique du Cancer* et le *cercle polaire arctique* au N., le *Tropique du Capricorne* et le *cercle polaire antarctique* au Sud. Ils partagent la Terre en cinq *Zones* ou bandes qui tirent leurs noms de la différence de température : la *Zone torride* ou chaude, entre les deux tropiques ; la *Zone tempérée boréale* ou septentrionale, et la *Zone tempérée australe* ou méridionale, entre chaque tropique et chaque cercle polaire ; la *Zone glaciale du Nord* et la *Zone glaciale du Sud*, entre chaque cercle polaire et chaque pôle. — Le MÉRIDIEN est un autre grand cercle qui coupe l'Équateur en passant par les deux pôles.

TABLEAU DE L'ÉTENDUE ET DE LA POPULATION DES 5 PARTIES DU MONDE :

	Kilomètres carrés.	Population.
Europe continentale	9,026,000	290 millions.
Îles	1,145,000	
Asie continentale	41,200,000	700
Îles	960,000	
Afrique continentale	29,100,000	100
Îles	600,000	
Amérique continentale	37,980,000	75
Îles	4,500,000	
Océanie { Australie	7,760,000	35
{ Îles	3,190,000	
Total	135,461,000	1,200 millions.

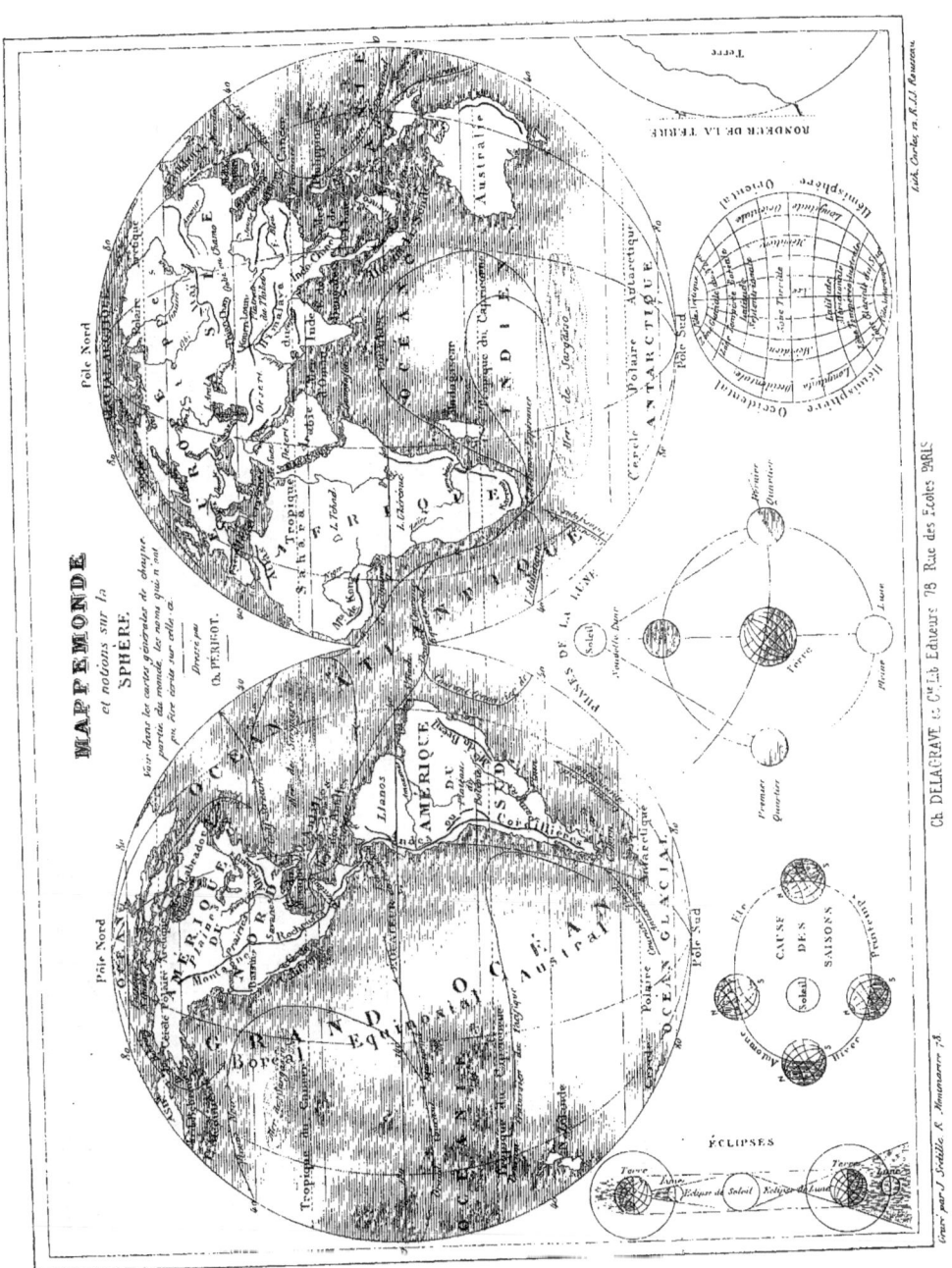

NOTICE SUR LA CARTE 20. — PALESTINE.

Le nom de PALESTINE, qui ne désigna d'abord que le pays habité par les *Philistins* ou *Palestins*, fut étendu ensuite à tout le pays occupé par les Hébreux.

La Palestine se désigne aussi sous les noms suivants : *Terre de Chanaan*, du nom du dernier fils de Cham ; *Terre promise*, pour rappeler la promesse que Dieu fit à Abraham et aux autres patriarches de la donner à leur postérité ; *Terre d'Israël*, en souvenir des descendants d'Israël ou Jacob, qui en prirent possession sous la conduite de Josué, l'an 1605 avant J.-C. ; *Judée*, du nom de la tribu de Juda ; *Terre Sainte*, parce que c'est là que fut le berceau du Christianisme.

BORNES. Au N., par le fleuve *Léontès*, le mont *Liban* et l'*Anti-Liban*; à l'E., par le *désert de la Syrie* ; au S.-E., par le torrent de l'*Arnon*, qui la séparait de l'*Arabie déserte* ; au S.-O., par l'*Arabie-Pétrée* jusqu'au S. de la mer Morte ; et à l'O., par la *Méditerranée* ou *Grande Mer* jusqu'à la frontière d'Égypte.

Superficie : 300,000 hectares. — Population : 7 à 8 millions (sous le roi David).

MONTAGNES. Au N., deux chaînes : le *Liban* et l'*Anti-Liban*, toutes deux célèbres par leurs forêts de cèdres. Une branche de l'Anti-Liban s'étend du N. au S. de la Palestine. On y remarque : le mont *Thabor*, au S.-O. du lac de Génésareth ; le mont *Carmel* à l'O., sur la côte de la Méditerranée ; les monts *Galaad* et *Garizim* ; le mont *Golgotha* ou du *Calvaire*, et le mont des *Oliviers*, situés près de Jérusalem, et les monts de Judée. Une autre branche, vers l'E., sous le nom du mont *Hermon*, se prolonge aussi vers le S. On y distingue : les monts *Galaad* ; les monts *Abarim*, au S. de ceux de Galaad, et où l'on distingue le sommet du mont *Nébo*, du haut duquel Moïse put voir la Terre promise avant de mourir ; les monts *Moab*, à l'E. du lac Asphaltite. — Bien plus au S., entre deux bras de la mer Rouge (au N. de cette mer), on voit le mont *Horeb*, sur lequel Dieu apparut à Moïse, et le mont *Sinaï*, du haut duquel il donna sa loi au peuple d'Israël.

COURS D'EAU. Le principal est le fleuve du *Jourdain*, qui prend sa source dans l'Anti-Liban. Il parcourt la Palestine du N. au S. ; traverse le lac *Samochonite* ou *eaux sacrées de Mérom*, puis le lac de Génésareth ou de Tibériade, appelé aussi *mer de Cénéreth* ou de *Galilée*, et se jette dans le lac Asphaltite ou mer Morte. Ces deux lacs sont au N. le premier, après un cours de 144 kilomètres. Au N., le fleuve *Léontès*, qui se jette dans la mer Méditerranée, près de l'anc. ville de Tyr. Le Jourdain est grossi de quelques torrents ; on remarque, sur la rive gauche, l'*Hiéromax* et le *Jabok*. La mer Morte reçoit, outre le Jourdain, le torrent l'*Arnon* à l'E., et le *Cédron* à l'O.

LACS. Les principaux sont : le marais ou lac *Samochonite*, appelé aussi dans l'Écriture les *eaux sacrées de Mérom* ; le lac *Génésareth* ou de *Tibériade* ou *mer de Cénéreth*. Au S., le lac *Asphaltite* ou mer *Morte*, qui reçoit le Jourdain.

PRODUCTIONS DU SOL. Le sol est volcanique. Des tremblements de terre agitent encore aujourd'hui le pays. La terre noire et grasse, humectée par les pluies d'hiver, produit en abondance les grains, les fruits et les légumes. Dans l'antiquité, les plaines d'*Esdrelon* et de *Sarons*, au N.-O., et de *Mambré*, au S., étaient renommées pour leur fertilité. Le blé, le riz, le millet, l'olive, la figue, l'amande, la grenade, la vigne, le baume, la myrrhe, étaient ses principales productions. Le fer, le cuivre, le bitume, le sel, étaient autrefois pour le pays d'importants objets de commerce.

DIVISION OU PARTAGE DU PAYS. La Terre promise, à l'entrée des Hébreux, était occupée par des peuples chananéens, qui furent expulsés ou soumis pour la plupart ; quelques-uns résidèrent indépendants, comme les *Phéniciens*, au N., et les *Philistins*, au S.

Les conquérants, sous la direction de Josué, partagèrent le pays en douze parties ou *tribus*, dont dix tiraient leurs noms d'enfants de Jacob et lieu des tribus de Joseph (Ephraïm et Manassé). Ces deux tribus furent doce, n'eut aucune portion de territoire, mais seulement des villes lévitiques dans chacune des autres tribus.

Neuf tribus et demie étaient à l'O. du Jourdain : *Aser*, *Nephtali*, *Zabulon*, *Issachar*, demi-tribu de *Manassé*, *Ephraïm*, *Dan*, *Benjamin*, *Siméon*, *Juda* ; deux tribus et demie à l'E. du Jourdain : demi-tribu de *Manassé*, *Gad* et *Ruben*. Sur les frontières habitaient d'autres peuples, ennemis des conquérants. Au S., les *Amalécites*, descendants d'Amalec, petit-fils d'Esaü, et les *Iduméens*, peuple sémitique descendant d'Édom ou Esaü ; au S.-E. et à l'E., les *Moabites*, du nom de Moab, fils de Loth ; les *Madianites*, du nom de Madian, fils d'Abraham, et les *Ammonites*, peuple infidèle, issu d'Ammon, fils de Loth.

VILLES ET LIEUX REMARQUABLES. *Jérusalem*, cap. du royaume de Juda. Près de là étaient le mont *Golgotha* ou du *Calvaire* et celui des *Oliviers*. — A partir du N. : *Capharnaüm*, qui fut longtemps la résidence de J.-C. ; *Cana*, où s'accomplit le premier miracle de J.-C. ; *Béthulie*, assiégée par Holopherne, général assyrien, qui y fut tué par Judith ; *Nazareth*, résidence de Marie, mère de Jésus ; *Jezraël*, célèbre par la victoire de Gédéon sur les Madianites ; *Samarie*, fondée 943 ans av. J.-C., anc. capit. du royaume d'Israël ; *Silo*, où l'Arche sainte fut déposée après la conquête de la Terre promise ; *Joppé*, où Solomon faisait débarquer les bois venant du Liban ; *Jéricho*, célèbre par la force de ses murailles ; *Gabaa*, où l'Arche resta déposée 83 ans, jusqu'à sa translation à Jérusalem par David ; *Gabaon*, où Josué commanda au soleil de s'arrêter ; *Bethléem*, où naquit l'enfant Jésus, ainsi que David ; *Mambré*, où résidèrent Abraham, Isaac et Jacob, et où leurs restes furent déposés.

Après la mort de Salomon, est lieu sous son fils Roboam le *schisme* ou la séparation en deux royaumes : le *royaume de Juda*, au S., composé des deux tribus de Juda et de Benjamin, avec Jérusalem pour capitale ; le *royaume d'Israël*, capitale Samarie, et composé de dix tribus. Ces deux royaumes furent détruits par les rois de Ninive et de Babylone. Mais, après la prise de cette dernière ville, Cyrus, roi de Perse, ayant permis aux descendants des Juifs de rentrer dans leur pays, ils rebâtirent la ville et le temple. La distinction en tribus n'existant plus par suite de la captivité, le pays fut alors divisé en quatre régions géographiques, dont les noms sont fréquemment employés à l'époque de J.-C. ; trois à l'O. du Jourdain : *Galilée*, au N. ; *Samarie*, au centre ; *Judée*, au Sud ; une à l'E. du Jourdain, la *Pérée*.

La Palestine est aujourd'hui, et depuis longtemps, sous la domination de la Turquie.

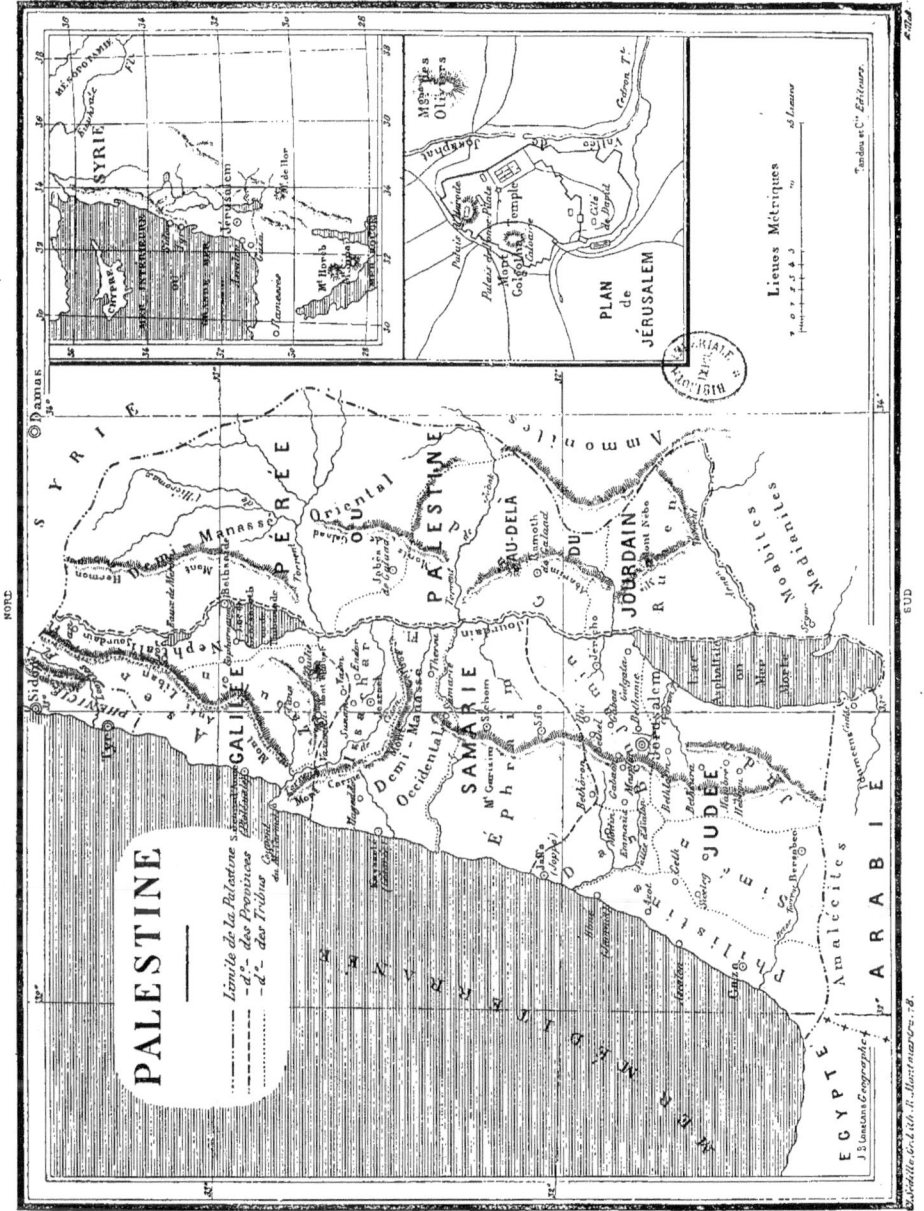

ANCIENNES PROVINCES
ET LIEUX CÉLÈBRES
DE L'HISTOIRE DE FRANCE.

o Capitale de Province. — o Chef-lieu de département.
• Autres endroits.
Les chiffres romains de I à XXXVI, placés près des
Capitales, indiquent l'ordre des Provinces; les chiffres
arabes de 1 à 89, placés près des chefs-lieux, indiquent
l'ordre des départements.

FRANCE
avec sa division en 36 Provinces,
comparée avec sa division actuelle
EN 89 DÉPARTEMENTS.

AU NORD-OUEST
I. Flandre.
 1. Nord.
 2. Pas-de-Calais.
II. Artois.
III. Picardie.
 3. Somme.
IV. Normandie.
 4. Seine-inférieure.
 5. Eure.
 6. Calvados.
 7. Orne.
 8. Manche.
V. Bretagne.
 9. Ille-et-Vilaine.
 10. Côtes-du-Nord.
 11. Finistère.
 12. Morbihan.
 13. Loire-inférieure.
VI. Anjou.
 14. Maine-et-Loire.
VII. Maine.
 15. Mayenne.
 16. Sarthe.
VIII. Ile de France.
 17. Seine-et-Oise.
 18. Seine.
 19. Seine-et-Marne.
 20. Oise.
IX. Champagne.
 22. Ardennes.
 23. Marne.
 24. Aube.
 25. Haute-Marne.
X. Lorraine.
 26. Meuse.
 27. Moselle.
 28. Meurthe.
 29. Vosges.
XI. Alsace.
 30. Bas-Rhin.
 31. Haut-Rhin.

AU NORD-EST

XII. Franche-Comté.
 32. Haute-Saône.
 33. Doubs.
 34. Jura.
XIII. Bourgogne.
 35. Ain.
 36. Saône-et-Loire.
 37. Côte-d'Or.
 38. Yonne.
AU SUD-EST
XIV. Lyonnais.
 39. Loire.
 40. Rhône.
XV. Dauphiné.
 41. Isère.
 42. Drôme.
 43. Hautes-Alpes.
XVI. Savoie.
 44. Savoie.
 45. Haute-Savoie.
XVII. Comtat Venaissin.
XVIII. Provence.
 47. Bouches-du-Rhône.
 48. Var.
 49. Basses-Alpes.
 50. Alpes-Maritimes.
XX. Corse.
 51. Corse.
XXI. Languedoc.
 52. Haute-Loire.
 53. Ardèche.
 54. Lozère.
 55. Gard.
 56. Hérault.
 57. Aude.
 58. Tarn.
 59. Haute-Garonne.

AU SUD-OUEST
XXII. Roussillon.
XXIII. Comté de Foix.
 60. Pyrénées-Orientales.
 61. Ariège.

AU SUD-OUEST
XIV. Guyenne et Gascogne.
 62. Hautes-Pyrénées.
 63. Gers.
 64. Tarn-et-Garonne.
 65. Avignon.
 66. Lot.
 67. Dordogne.
 68. Lot-et-Garonne.
 69. Gironde.
 70. Landes.
XXV. Béarn.
 71. Basses-Pyrénées.
XXVI. Angoumois.
XXVII. Aunis et Saintonge.
 73. Charente-inférieure.
XXVIII. Poitou.
 74. Vendée.
 75. Deux-Sèvres.
 76. Vienne.
AU CENTRE
XXIX. Touraine.
 77. Indre-et-Loire.
XIX. Orléanais.
 78. Loir-et-Cher.
 79. Eure-et-Loir.
 80. Loiret.
XXXI. Berry.
 81. Cher.
 82. Indre.
XXXII. Nivernais.
XXXIII. Limousin.
 84. Haute-Vienne.
 85. Corrèze.
XXXIV. Auvergne.
 86. Cantal.
 87. Puy-de-Dôme.
XXXV. Bourbonnais.
 88. Allier.
XXXVI. Nivernais.
 89. Nièvre.

N.B. — Les chiffres placés près d'une ville indiquent
la date du fait historique qui s'y est passé.

75 CARTOGRAPHIE ÉLÉMENTAIRE DES ÉCOLES 75

DÉPARTEMENT DE LA SEINE et ENVIRONS DE PARIS
Dressé par Ch. PÉRIGOT

Légende :
- PARIS
- Arrondissements de St-DENIS et SCEAUX
- ○ Chefs-lieux de Canton
- ⚫ Forts
- Canaux
- Chemins de Fer

Ch. DELAGRAVE et Cie, Lib. Éditeurs, 78 Rue des Écoles, PARIS.

(Voir la NOTICE au verso.)

N° 75. — NOTICE SUR LE DÉPARTEMENT DE LA SEINE. — N° 75.

Le département de la SEINE doit son nom au fleuve ainsi nommé qui le traverse, en passant au milieu de Paris sur une étendue de 12 kilom., du S.-E. au S.-O.

Il a été formé d'une partie de l'ancienne province d'Ile-de-France.

BORNES. Il est entouré de tous côtés par le département de Seine-et-Oise.

Superficie : 47,550 hectares. — Population : 2,150,216 habitants.

C'est le plus petit en superficie, mais le plus peuplé des départements.

COURS D'EAU. 1° La Seine, fleuve qui prend sa source à Chanceaux (Côte-d'Or), pénètre dans le département de Seine-et-Oise au S.-E., puis dans celui de la Seine, coule presque au centre de Paris, descend au S.-O., où il rentre dans le département de Seine-et-Oise, et, après plusieurs sinuosités, il se dirige vers le N.-O. 2° La Marne, rivière qui vient de l'E., et se jette dans la Seine, à Charenton. 3° La Bièvre, petite rivière qui vient du S.-O. de Seine-et-Oi e, pénètre dans notre département du S., arrose le S. de Paris, et se jette dans la Seine près de la gare d'Orléans.

CANAUX. Au N. et au N.-E., le canal de Saint-Denis, le canal de l'Ourcq et le canal Saint-Martin, et, au S.-E., le canal de Saint-Maur, qui unit deux points de la Marne, à partir de Joinville.

CHEMINS DE FER. 1° Chemin de fer de Ceinture, qui entoure Paris en dedans des fortifications. 2° Toutes les lignes de chemins de fer prennent naissance à Paris, où l'on trouve : gare du Nord, pour les lignes du N.; gare de l'Est, pour les lignes de Strasbourg et de Mulhouse; gare de Lyon, pour la ligne de Paris à Lyon et à la Méditerranée; gare d'Orléans, pour la ligne de Paris à Orléans, Tours, etc.; gare de l'Ouest (rive gauche), pour les lignes de Paris à Versailles, à Brest, etc.; gare de l'Ouest (rive droite), pour les lignes de Paris à Versailles, du Havre, etc. N. et de l'O. 3° Lignes spéciales de Vincennes, de Sceaux, de Saint-Germain, etc.

PRODUCTIONS DU SOL. Belles et riches carrières de l âtre, de pierres de taille et de moellons; argile, craie; peu de bois et de vignes, quelques prairies; toutes les espèces de céréales, légumes et fruits en abondance.

INDUSTRIE ET COMMERCE. L'industrie y est au plus haut point de perfection et d'une variété infinie. Nulle part l'homme ne tire. parti du sol et de ses productions comme dans ce département. La culture maraîchère ou jardinage y est très développée, et l'on y fait jusqu'à quatre récoltes par an de fleurs et de fruits divers. L'industrie manufacturière, qui comprend tous les métiers manuels et mécaniques, qu'il faut renoncer à énumérer, donne des résultats de la plus grande importance commerciale, et les objets dits *articles de Paris* sont d'une variété inconnue partout ailleurs.

Ce département forme le diocèse de l'archevêché de Paris.

Chef-lieu de préfecture ou du département : PARIS.

Ce département comprend : 3 arrondissements, 28 cantons, 71 communes.

1° Paris (1 seule commune), capitale de la France, centre du gouvernement (1,825,274 habitants). Au lieu de cantons, Paris se divise en 20 arrondissements municipaux, dont chacun a une mairie et une justice de paix réunies dans le même hôtel. L'administration civile de Paris est centralisée dans un vaste et magnifique édifice dit l'Hôtel-de-Ville (demeure du Préfet de la Seine), sous le contrôle d'une commission municipale composée de 60 membres, tous au choix du gouvernement.

— L'enceinte de Paris a une étendue de 34 kilomètres. Paris a une surface de 25,7:8 hectares. On y compte : 16 forts détachés, 57 portes, 84 barrières, 21 ponts sur la Seine, 78 avenues et boulevards, 36 quais, 90 places, plus de 2,500 rues, 31,800 maisons, 13 palais, 47 églises, 5 temples protestants et 2 synagogues, 32 théâtres, 2,097 fontaines et bien plus de bornes fontaines, abattoirs, halles, marchés, etc., 31 lignes desservies par plus de 600 omnibus et plusieurs milliers d'autres voitures, pour satisfaire aux besoins d'une telle population, qui donne lieu à des mouvements incessants de jour et de nuit.

2° SAINT-DENIS (4 cantons, 30 comm.), à 6 kilomètres et au N. de Paris, arrosé par la Seine et par les canaux de l'Ourcq et de Saint-Denis. — 21,740 habitants. — Magnifique église de Saint-Denis, reste de la célèbre abbaye fondée par le roi Dagobert au VIIe siècle, et rebâtie au XIIIe siècle par Suger, abbé de Saint-Denis Depuis Dagobert, ses caveaux servirent de sépulture à la plupart des rois de France. Fabriques d'impressions sur étoffes, de caoutchouc, lavage et filatures de laines, produits chimiques, fonderies de fer, de cuivre et de plomb, distilleries, etc. Commerce considérable de farines, vins, vinaigres, bois, etc.

3° SCEAUX (4 cantons, 40 comm.), à 12 kilomètres et au S. de Notre-Dame de Paris. (Cette cathédrale est le point d'où l'on compte les distances et où elles aboutissent.) — 2,459 habitants. — Charmante vallée, arrosée par la Seine, la Maine et la Bièvre, etc., où se rendent les dimanches et jours de fêtes, de nombreux promeneurs par le chemin de fer de Sceaux.

ENVIRONS DE PARIS. — A une distance de 6 à 9 kilomètres de Notre-Dame de Paris, on trouve autour de cette grande capitale de nombreux villages et bourgs, agréablement situés, lieux de plaisance ornés par la nature ou par l'art, habitations rurales et chalets, guinguettes etc., où les chemins de fer, les omnibus et autres voitures transportent les Parisiens par *centaines de mille*, les dimanches et jours de fêtes.

On peut citer dans l'arrondissement de SAINT-DENIS : Saint-Ouen, Asnières, Neuilly, Courbevoie, Puteaux, Nanterre, où naquit sainte Geneviève, patronne de Paris ; le bois de Boulogne, avec ses allées tournantes, ses lacs et sa cascade; Suresnes, Pantin, Clichy-la-Garenne, etc.

Dans l'arrondissement de SCEAUX : Bagneux, Bourg-la-Reine, Châtenay, Clamart, Châtillon, Choisy-le-Roi, Arcueil, Bo-dy, Charenton, Fontenay-aux-Roses, Issy, Ivry, Gentilly, Bicêtre, Fontenay-sous-Bois, Maisons-Alfort, Saint-Mandé, Montreuil, Grand-Montrouge, Saint-Maur, Vincennes, avec son grand parc, ses lacs, ses rivières, à l'est du bois de Boulogne, etc.

Personnages célèbres. C'est Paris qui a donné naissance au plus grand nombre. Dans l'impossibilité de les nommer tous ici, nous citerons les suivants :

Dans les sciences : Bailly, Biot, Brougniart, Cassini, Clairau, d'Alembert, Dahamel, Fourcroy, Lavoisier, Legendre, Poinsot.

Dans les arts : Boullongne, Cartellier, Chalgrin, Charlet, Cortot, Coo-tou, Coypel, David, Goujon, Gros, Halévy, Hérold, Lekain, Lenôtre, Lesueur, Malibran, Mme), Maussard, Mars (Mlle), Nourrit, Pajou, Percier, Perrault, Pigalle, Riccoboni (Mme), Talma, Vernet.

Dans les lettres : Beaumarchais, Béranger, Boileau, Boi-nouf, Charron. Collé, Courier, Cousin, Didot, Estienne, Favart, Frère, La Harpe, Lebrun, Legouvé, Lemaistre, Lemercier, Malebranche, Marivaux, Millin, Molière, Quinault, Racine, Regnard, J.-B. Rousseau, Scarron, Scribe, Sedaine, Suel (Mme de), Sylvestre de Sacy, de Wailly, Villemain, Voltaire, etc.

Histoire : Anquetil, Michelet, Rollin, de Thou.

Géographie et Voyages : Barbié du Bocage, Bougainville, d'Anville, La Condamine, Letronne, Tavernier, Walckenaër.

Archéologie, Numismatique : Clarac, Mionnet, Quatremère.

Hommes d'État et Jurisconsultes : Berryer, de Harlay, Molé, Richelieu, Séguier, Talleyrand-Périgord, Tronchet, Turgot.

Médecine : Andral, Chomel, Chervel.

Guerriers : Catinat, Condé (le grand), d'Estrées. Le prince Eugène de Savoie, etc.

www.ingramcontent.com/pod-product-compliance
Lightning Source LLC
Chambersburg PA
CBHW061016050426
42453CB00009B/1477